TRANSCOMUNICAÇÃO FÁCIL

Luis Hu Rivas

1ª edição
Do 1º ao 3º milheiro
3.000 exemplares
Janeiro/2023

© 2023 by Boa Nova Editora

Capa
Luis Hu Rivas

Diagramação
Luis Hu Rivas
Juliana Mollinari

Revisão
Alessandra Miranda de Sá
Maria Clara Telles

Coordenação Editorial
Ronaldo A. Sperdutti

Impressão
Mundial Gráfica

O produto da venda desta obra é destinado à manutenção das atividades assistenciais da Sociedade Espírita Boa Nova, de Catanduva, SP.

1ª edição: Janeiro de 2023 - 3.000 exemplares

Dados Internacionais de Catalogação na Publicação (CIP)
(Câmara Brasileira do Livro, SP, Brasil)

```
Rivas, Luis Hu
    Transcomunicação fácil / Luis Hu Rivas. --
1. ed. -- Catanduva, SP : Boa Nova Editora, 2022.

    ISBN 978-65-86374-24-7

    1. Ciência e espiritismo 2. Doutrina espírita
3. Espiritismo 4. Mediunidade - Doutrina espírita
I. Título.
```

22-140047   CDD-133.8

Índices para catálogo sistemático:

1. Transcomunicação : Mensagens : Fenomenos
        paranormais   133.8

Aline Graziele Benitez - Bibliotecária - CRB-1/3129

Agradecimentos a Daniele Gullà, Florêncio Anton, Simone Santos e Sonia Rinaldi.

Sumário

Transcomunicação Mediúnica

A mediunidade é a faculdade que permite o contato dos homens com os Espíritos, em diversos lugares do mundo. Ela existe ao longo dos tempos, e foi pesquisada amplamente por Allan Kardec.

Podemos chamá-la também de Transcomunicação Mediúnica (TCM), para diferenciá-la de um novo tipo de comunicação surgida por meio de aparelhos eletrônicos, a chamada Transcomunicação Instrumental (TCI).

Pré-história
Surgem as primeiras comunicações mediúnicas.

Século XIX
Allan Kardec pesquisa a mediunidade e elabora uma metodologia para obter boas comunicações.

1 Transcomunicação Mediúnica (TCM)

2 Transcomunicação Instrumental (TCI)

Fim do século XIX
Surgimento dos primeiros aparelhos eletrônicos.

Nome:
Transcomunicação Mediúnica (TCM).

Conceito:
Comunicações espirituais por intermédio de médiuns.

Início:
Desde que existem homens existem Espíritos. As comunicações devem ter existido sempre.

Método:
Em *O Livro dos Médiuns*, Allan Kardec elaborou um método de estudo e prática para as comunicações espirituais.

Chico Xavier

No programa de TV *Pinga-Fogo*, o médium respondeu assim à pergunta sobre a comunicação espiritual eletrônica: "Emmanuel sempre nos informa que cabe a nós todos formular os mais ardentes votos para que a ciência no mundo atinja esta realização".

Atualidade
A mediunidade se populariza em todo o planeta.

O médium Divaldo Franco comentou:
"A Transcomunicação Instrumental, essa admirável proposta dos tempos modernos, leva-nos aos dias missionários de Allan Kardec. À época do Codificador, a transcomunicação estava presente nas mensagens através da mesa pé de galo".

1980
Surge a expressão *Transcomunicação Instrumental (TCI)*, proposta pelo engenheiro Ernst Senkowski.

Os Espíritos sempre se comunicaram?

Sim. Desde o surgimento da humanidade, o contato com o Além existiu. No início de forma rudimentar, com movimento de pedras e as primeiras aparições.

No século XIX, as invenções de Thomas Edison e Nikola Tesla contribuíram para o desenvolvimento tecnológico. À medida que os aparelhos eletrônicos ficarem mais sofisticados, sua sensibilidade possibilitará captar vozes e imagens do mundo espiritual com maior definição.

O Livro dos Médiuns, ou Guia dos Médiuns e dos Evocadores (1861)

Considerado o maior tratado de paranormalidade escrito, neste livro, Allan Kardec descreve os cuidados necessários para um bom contato com os Espíritos e a importância da sintonia espiritual. As orientações servem para a Transcomunicação Instrumental.

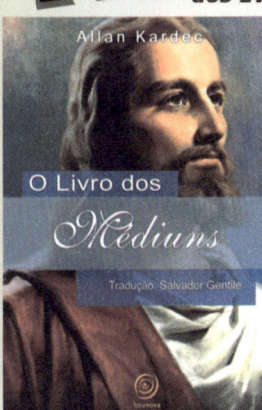

Materialização de imagens

Trata-se de um fenômeno pelo qual os Espíritos conseguem deixar marcas, imagens, rostos, escritos ou desenhos na parede, no espelho, no chão e até em telas de pintura.

Para que isso aconteça, é necessária a utilização de uma substância chamada ectoplasma, que os seres espirituais retiram do corpo dos médiuns, especialmente dos chamados "médiuns de efeitos físicos".

Rei Belsazar (539 a.C.)
No livro de Daniel, um dos livros do Velho Testamento, vemos um caso de materialização de escrita na parede. Belsazar, filho de Nabucodonosor e último rei da Babilônia, enquanto realizava uma festa, viu se materializar uma mão que escreveu a frase: "Mene, mene. Tequel. Parsim".
O médium profeta Daniel revelou o conteúdo dessa mensagem, relacionada a um aviso: o fim do Império Babilônico, que de fato aconteceu pouco tempo depois.

Impressão de Espírito
Pintura produzida em 1901, por meio do fenômeno de precipitação.
A materialização dessas pinturas espirituais de alta qualidade encontra-se no Museu de Lily Dale, nos Estados Unidos.

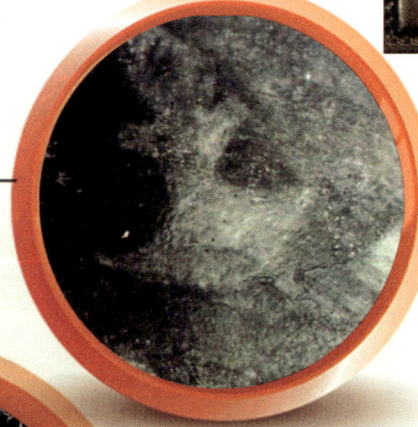

Rosto na parede
Um dos rostos materializados nas paredes de Bélmez de la Moraleda, Espanha.

Nome:
Materialização de imagens.
Conceito:
Comunicações espirituais utilizando textos, desenhos ou pinturas.
Data:
Em todos os tempos.
Característica:
Fenômeno raro de acontecer; é necessária a participação de um médium de efeitos físicos.

Faces de Bélmez (1971)
Na cidade de Bélmez de la Moraleda, Espanha, surgiram rostos materializados nas paredes e no chão, na casa de dona María Gómez Cámara. As manchas chamaram a atenção da sociedade e foram objeto de pesquisa mundial. Algo interessante a destacar era que, com o passar das semanas, os rostos mudavam de expressão, apresentando sorrisos e olhares diferentes.

Quem eram as irmãs Bangs?

Lizzie (1859-1920) e May (1862-1917), as irmãs Bangs, foram duas médiuns norte-americanas, conhecidas por produzir um fenômeno chamado precipitação, pelo qual os Espíritos conseguiam criar diversos quadros com retratos em tamanho real e boa definição, utilizando uma tinta escura.

Museu de Lily Dale
Nos Estados Unidos, no estado de Nova York, encontra-se a aldeia Lily Dale, um lugar onde se reúnem os médiuns espiritualistas.
No museu dessa aldeia, observam-se as pinturas de precipitação que Lizzie e May Bangs produziram no início do século XX.
É nesse museu que se encontram as ruínas da casa das irmãs Fox, famosas pelos fenômenos de Hydesville.

O que é precipitação?

É um fenômeno de materialização muito raro. No caso das irmãs Bangs, as médiuns entravam em transe, e os Espíritos retiravam de um balde com tinta preta o pigmento para colorir quadros colocados na reunião.

A tinta caía como gotas de chuva, daí o nome "precipitação".
O fenômeno durava de uma hora a uma hora e meia. Às vezes, quando acabava a tinta do balde, os Espíritos a retiravam das roupas dos membros da reunião, deixando-as descoloridas.
A qualidade dos quadros parece a das fotos atuais, mas vistos de perto percebe-se que são formados por micropontos de tinta.

Mesas girantes

Allan Kardec pesquisou os fenômenos de materialização e movimentação de objetos, como as "mesas girantes". Ele denominou esse fenômeno de escrita direta – aquele em que os Espíritos conseguem escrever algum texto diretamente no papel ou na parede, sem a ajuda da mão de um médium.

Transcomunicação Instrumental

Também conhecida pelas suas iniciais, TCI, trata-se do nome dado pelo professor alemão Ernst Senkowski, nos anos 1980, para a técnica de contato com Espíritos por meio de aparelhos eletrônicos, sejam eles telefone, fax, computador, câmeras de vídeo, câmeras fotográficas, gravadores, celulares, entre outros.

Anos 1980
Até a década de 1980 não existia nenhuma palavra para designar esses fenômenos.

TCI
A sigla de Transcomunicação Instrumental, TCI, ficou mais conhecida e popularizada no meio.

Aparelhos eletrônicos
Instrumentos capazes de captar e registrar comunicações espirituais.

Nome:
Transcomunicação Instrumental (TCI).
Conceito:
Comunicações espirituais por intermédio de aparelhos eletrônicos.
Início:
A palavra foi criada na década de 1980. Mas os fenômenos existem desde o surgimento dos aparelhos eletrônicos.
Método:
Diversos aparelhos para captar mensagens ou imagens dos Espíritos.

Quem foi Ernst Senkowski?

O dr. Ernst Senkowski (1922 - 2015) era professor, doutor em Física e Engenharia Elétrica, e pesquisador científico do Instituto de Física da Universidade de Mayence, na Alemanha. Recebeu o primeiro Prêmio Nobel honorário por sua contribuição na investigação científica paranormal de vida após a morte.

Novos aparelhos

Com o avanço da tecnologia, no futuro, novos aparelhos surgirão, permitindo novas modalidades de captação de som e imagem.

Cuidados espirituais

Assim como na Transcomunicação Mediúnica os médiuns e participantes precisam ter uma boa conduta moral, para manter sintonia com os Espíritos Superiores, na Transcomunicação Instrumental o processo é similar, a fim de manter sintonia com as pontes de contato responsáveis no plano espiritual.

Dr. Ernst Senkowski

Escreveu o livro *Instrumentelle Transkommunikation (Transcomunicação Instrumental)*, que contém uma riqueza de conhecimentos sobre TCI.

O que falaram os Espíritos sobre as novas comunicações?

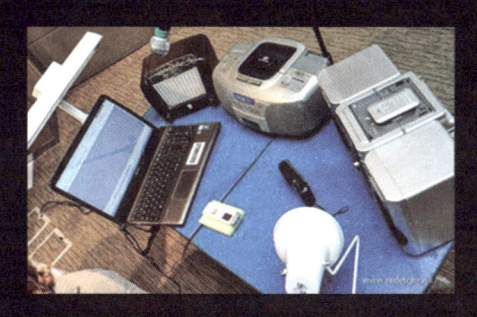

Em *O Livro dos Espíritos*, na questão 934, Allan Kardec perguntou:
"A perda de entes queridos não causaria um sofrimento tanto mais legítimo, quando é irreparável e independente da nossa vontade?"
E os Espíritos responderam:
"Essa causa de sofrimento atinge tanto o rico como o pobre: é uma prova ou expiação e lei para todos. Mas é uma consolação poderdes comunicar-vos com os vossos amigos pelos meios de que dispondes, enquanto esperais o aparecimento de outros mais diretos e mais acessíveis aos vossos sentidos."

Pareidolia

É um fenômeno psicológico que faz as pessoas acharem rostos ou vozes em formações de luzes ou sons aleatórios. Os transcomunicadores devem ter muito cuidado para não levantar "falsos positivos" nas suas pesquisas. Para isso, é necessário tempo, até se conseguir resultados satisfatórios e comprobatórios da realidade espiritual.

Aparelhos eletrônicos

A origem dos aparelhos eletrônicos remonta às pesquisas de Thomas Alva Edison, que em 1883 descobriu o que chamamos hoje de efeito Edison, ou efeito termiônico. Se o equipamento precisa de energia para funcionar, seja ela elétrica ou se a recebe por bateria ou pilha, ele é considerado um equipamento eletroeletrônico.

1883
Surgem os primeiros aparelhos eletrônicos. O fonógrafo foi o primeiro sistema de som capaz de reproduzir sons previamente gravados.

1901
Nikola Tesla publicou um artigo no *Collier's Weekly* que descrevia misteriosas transmissões de rádio recebidas em seu laboratório, em Colorado Springs (EUA). Ele declarou que o rádio poderia ser usado para se comunicar com os habitantes de outros mundos.

1901
Os principais inventos desenvolvidos pelo padre brasileiro Landell de Moura foram: a telefonia sem fio, o telégrafo sem fio e o transmissor de ondas.

Nome:
Aparelhos eletrônicos.
Conceito:
Equipamentos que precisam de energia para funcionar, seja ela elétrica, por bateria ou pilha.
Início:
Fim do século XIX.
Inventores com intenção de uso espiritual:
Thomas Edison, Nikola Tesla e o padre Landell de Moura.

Contato espiritual
O padre Landell de Moura, assim como Tesla e Edison, desejava desenvolver com suas invenções uma forma de contato com o mundo espiritual.

O que escreveu Edison?

"Se nossa personalidade sobrevive, então é estritamente lógico ou científico supor que ela retém a memória, o intelecto, outras faculdades e o conhecimento que adquirimos nesta Terra. Portanto... se pudermos evoluir um instrumento tão delicado a ponto de ser afetado por nossa personalidade que sobrevive na próxima vida, tal instrumento, quando disponível, deve registrar alguma coisa."

1920
Thomas Alva Edison, inventor da luz elétrica, da câmera cinematográfica e do fonógrafo, trabalhava em seu laboratório para construir uma máquina que alcançasse a comunicação espiritual.

Psycho-phone
Aparelho do século XX elaborado pelo inventor Alois Benjamin Saliger (1880-1969), que aparentemente permitia a mesma coisa proposta por Edison.

Réplica do rádio do padre Landell de Moura
O italiano Guglielmo Marconi é considerado o pai da radiodifusão, mas o brasileiro padre Roberto Landell de Moura fez transmissões radiofônicas seis meses antes do italiano.

Quem foi o pioneiro das comunicações?

O padre brasileiro Roberto Landell de Moura (1861-1928) foi um padre católico, cientista e inventor do telégrafo sem fio; no entanto, é conhecido pelo seu pioneirismo na ciência da telecomunicação.

Ele desenvolveu uma série de pesquisas e experimentos que o colocam como um dos primeiros, se não o primeiro de todos, a conseguir a transmissão de som e sinais telegráficos sem fio por meio de ondas eletromagnéticas, o que daria origem ao telefone e ao rádio.

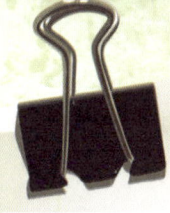

Coordenação no Além

Segundo informações recebidas pelos pesquisadores da TCI, o padre Landell de Moura é um dos coordenadores espirituais da Transcomunicação Instrumental no mundo espiritual.

Primeiros contatos

A partir da metade do século XX, diversos gravadores começaram a captar vozes espirituais. Esse fenômeno foi chamado inicialmente de EVP (Electronic Voice Phenomenon, ou Fenômeno de Voz Eletrônica), podendo ser considerado um desses primeiros contatos o registrado na Suécia, em 1959, com o produtor de filmes Friedrich Jurgenson.

Ao tentar gravar o canto de pássaros nos jardins de sua casa de campo, ele escutou uma voz masculina na fita dizendo "as vozes dos pássaros na noite". Ouvindo mais atentamente, escutou a voz de sua mãe falando em alemão: "Friedel, meu pequeno Friedel, pode me ouvir?" Assim, deu-se o início às pesquisas de captação de vozes.

Friedrich Jurgenson (1903-1987)
Era músico, ator, pintor e se tornou pesquisador em vozes espirituais.
Percebeu que as vozes o chamavam pelo nome ou por apelidos e podiam responder a perguntas feitas.

A experiência
Jurgenson disse que, ao ouvir a voz de sua mãe, percebeu ter feito "uma descoberta importante". Durante os próximos quatro anos, continuou a gravar centenas de vozes. Em 1964, publicou um livro em sueco: Rösterna Från Rymden (Vozes do Universo), e, em seguida, outro intitulado *Radio Contact with the Dead* (Telefone para o além).

Telefone para o Além
Seu livro tornou-se mundialmente conhecido e encantou a muitos pesquisadores como Konstantin Raudive, que o procurou em 1965. Associando-se desde então, fundaram as pesquisas de EVP (Electronic Voice Phenomenon).

Nome:
Primeiros contatos.
Conceito:
Comunicações espirituais por meio de aparelhos eletrônicos que captam vozes chamados inicialmente de EVP (Electronic Voice Phenomenon, ou Fenômeno de Voz Eletrônica).
Data:
Metade do século XX.
Pioneiros:
Os pesquisadores Friedrich Jurgenson e Konstantin Raudive.

Aves da floresta

> *Friedrich, você está sendo observado. Friedel, meu pequeno Friedel, pode me ouvir?*

Mensagem de voz da mãe de Jurgenson.

Jurgenson tentando gravar o som das aves.

Alguém captou muitas vozes?

Sim. O psicólogo letão Konstantin Raudive (1909-1974) decidiu, por conta própria, desenvolver suas técnicas experimentais.

Raudive também ouviu a voz da sua própria mãe, que o chamou pelo nome de infância: "Kostulit, é sua mãe quem fala". Ele também ouviu: "Vá dormir, Margarete". Margaret Petrautzki era uma amiga que desencara no início daquele ano. Aquela mensagem fez com que Raudive pesquisasse sozinho, conseguindo registrar mais de 72 mil gravações.

O que e Spiricom?

É uma máquina criada na década de 1970 para captar vozes de Espíritos.
O casal norte-americano George e Jeannette Meek financiou o projeto, elaborado pelo sensitivo e técnico William O'Neil, que podia ver e ouvir Espíritos.
Em 1980, o Spiricom conseguiu captar mais de 20 horas de diálogo com o Espírito do físico George Jeffries Mueller.

Resultados
Suas pesquisas estão detalhadas no livro *After We Die, What Then?* (Depois que Morremos, o Que Acontece?), de George Meek.

Igreja Católica

O padre católico francês François Brune (1931-2019) pesquisou a TCI e escreveu o livro *Os Mortos nos Falam*, traduzido para onze idiomas e vendido em livrarias católicas. Nele, contou sobre suas experiências de comunicação com os Espíritos.

Transimagens

Na década de 1980 surgiram as primeiras imagens captadas por aparelhos eletrônicos, ou transimagens. O pioneiro foi o pesquisador alemão Klaus Schreiber, que em 1985 começou a receber imagens espirituais de membros da família desencarnados em seu aparelho de TV. Inicialmente, Schreiber escutou a voz de sua filha Karin, e foi por intermédio de mensagens de áudio que começou a receber indicações para captar as imagens: "Nós viremos através da televisão", "Logo você nos verá na televisão". Ele obteve algumas imagens atribuídas a personagens famosos como o cientista Albert Einstein e a atriz Romy Schneider.

Laboratório

Em 1982 ouviu falar sobre o Fenômeno de Voz Eletrônica (EVP), e logo fez um teste com um gravador e iniciou uma gravação, dirigindo-se a um amigo desencarnado chamado Peter. Ele respondeu: "Olá, amigos", com voz e sotaque próprios. Após esse evento, Klaus transformou seu porão em um laboratório para gravações de áudio e vídeo.

Romy Schneider (1938-1982)

Nome artístico de Rosemarie Magdalena Albach, atriz alemã naturalizada francesa. No início dos anos 1950, por volta dos quinze anos, começou sua carreira de atriz no Heimatfilm, gênero popular na Alemanha.

Nome:
Transimagens.
Conceito:
Comunicações espirituais por meio de aparelhos eletrônicos, captando imagens e vídeos.
Data:
Começou na década de 1980.
Pioneiro:
O pesquisador Klaus Schreiber.

Técnica de realimentação

Método elaborado por Martin Wenzel, engenheiro alemão que acompanhou o trabalho de Klaus Schreiber.
O sistema consiste em apontar uma videocâmara para a televisão e alimentar a saída da câmera de volta para a TV, a fim de conseguir um circuito de *feedback* ou retorno.
O resultado foi uma névoa agitada na tela, de onde o Espírito aparece lentamente durante um período de muitos quadros.

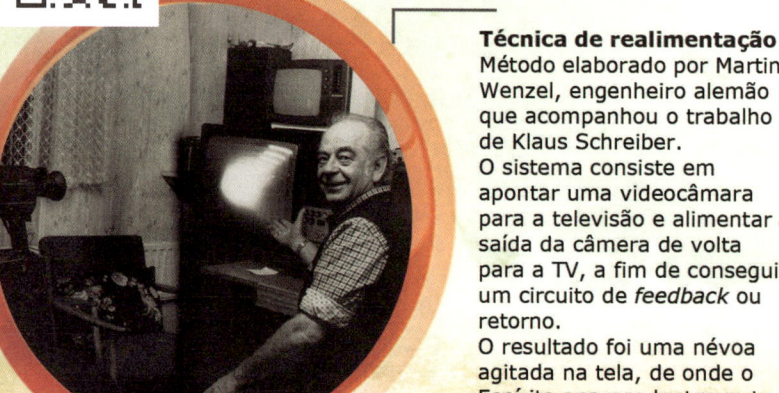

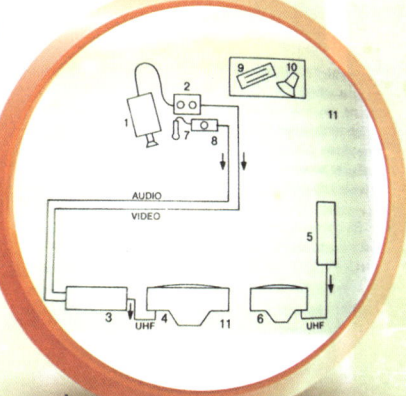

Transimagem atribuída à atriz Romy Schneider

O que é Vidicom?

Sistema para captar imagens dos Espíritos pela TV utilizando uma câmera de vídeo que é direcionada para a televisão em preto e branco, repetindo a imagem diversas vezes, como se fosse um espelho infinito. O nome Vidicom foi dado por Klaus Schreiber em 1987.

Procedimento

1) Câmera de vídeo.
2) Amplificador de vídeo.
3 e 5) Gravador de vídeo.
4 e 6) TV em preto e branco.
7) Microfone de eletreto.
8) Amplificador de som.
9) Lâmpada UV.
10) Lâmpada infravermelha.
11) Papel-alumínio comum.

Transimagens de familiares?

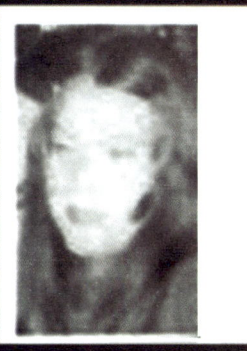 

Klaus Schreiber conseguiu captar algumas imagens de sua filha desencarnada, Karin. À esquerda, quando encarnada, e à direita, a transimagem.

Transimagem de seu filho desencarnado, Robert. Na parte superior esquerda, a foto dele quando encarnado.

Transimagens de Einstein?

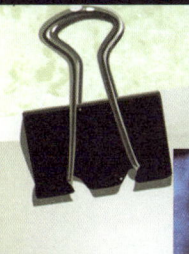
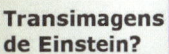

Klaus Schreiber, em Aachen, Alemanha, captou, pelo sistema Vidicom, inúmeras transimagens. Ele conseguiu registrar esta em especial, atribuída ao famoso físico alemão Albert Einstein, falecido em 1955.

Comunicação transcendental

Em 2002, durante o XI Congresso Espírita da Bahia, na cidade de Salvador, Brasil, uma mensagem espiritual foi gravada com longa duração e nitidez. O pesquisador Clóvis Nunes realizou diversas tentativas para conseguir o áudio, mas só na quarta vez obteve sucesso. O Espírito Astrogildo, um dirigente espírita baiano desencarnado, enviou uma mensagem em forma de poesia.

Estações espirituais
Assim como na Terra temos a estação espacial, no mundo espiritual existem estações espirituais, coordenadas por Espíritos engenheiros e cientistas.

O que é a Estação Rio do Tempo?

É uma espécie de estação espacial espiritual. Segundo alguns transcomunicadores, o Espírito padre Landell de Moura seria um dos coordenadores responsáveis pelas comunicações em português. Dentro dessa estação ficariam vários departamentos, para atender às diversas nacionalidades.

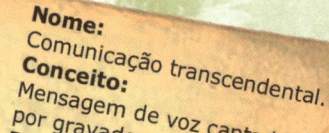

Nome:
Comunicação transcendental.
Conceito:
Mensagem de voz captada por gravador.
Data:
2 de novembro de 2002.
Local:
Salvador, Bahia, Brasil.
Método:
Uma fita virgem de áudio foi colocada em um gravador entre os aparelhos de rádio, e uma batida na mesa era feita com certa frequência, para que os Espíritos técnicos conseguissem modular o som.

Clóvis Nunes
Professor, parapsicólogo e pesquisador de Transcomunicação Instrumental brasileiro. Autor do livro: "Transcomunicação" realizou conferências em diversos países e foi responsável pela gravação registrada em 2002.

Aparelhos para captação

Trata-se de algo similar à foto; foram utilizados quatro rádios, um AM, um FM, um de ondas curtas e um a válvula, além de duas lâmpadas, uma infravermelha e outra ultravioleta, além de um pequeno gravador com uma fita cassete virgem.

Salvador, Bahia, Brasil – 2002

Mensagem captada com fita cassete virgem

Leopoldo Machado (1891-1957)
Escritor, educador e espírita brasileiro, responsável pela unificação do movimento espírita.

Evocação (voz de Clóvis Nunes)

Tarde de domingo, 2 de novembro de 2002, Centro de Convenções, XI Congresso Espírita da Bahia. Nesse instante, fazemos a quarta tentativa de contato no dia de hoje, na esperança de uma comunicação transcendental com os Espíritos ligados ao movimento federativo da Bahia.

Pedimos sintonia com a estação Zeitstrom, a estação Central, a estação Landell de Moura, os Espíritos brasileiros e portugueses que trabalham pela TCI, ajuda dos Espíritos Konstantine Raudive e Technician, a fim de podermos entrar em contato com os Espíritos ligados à Federação Espírita: José Petitinga, Manoel Miranda, Artur Pires, Etienne Rocha, Leopoldo Machado, Deolindo Amorim, Alfredo Miguel, Deodato Batista, Cristóvão Silva, Luiz Gonzaga Pierre, Aloísio Reis, Juventino Ferreira de Souza, ou qualquer entidade presente que queira se comunicar conosco.

Vamos deixar a fita passar por cinco minutos, enquanto aguardamos um contato para todos nós.

Mensagem (voz do Espírito Astrogildo)

Cló-vis

Saudoso Recado

Hoje vejo em luz suave
Sem sofrimento, sem dores
Assistindo a este conclave
Na presença dos mentores.
Aos meus contemporâneos
Que no corpo ainda está
Não demorem muitos anos
Venham logo para cá.
Minha Carminha querida
Dona dos afetos meus
Deste outro lado da vida
Os meus olhos fitam os teus.
Daqui vos fala Astrogildo
Com Petitinga ao lado
Etiene, Deolindo e Amarildo
Com Leopoldo Machado.

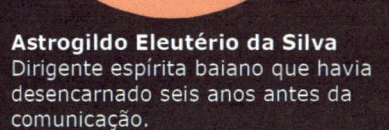

Astrogildo Eleutério da Silva
Dirigente espírita baiano que havia desencarnado seis anos antes da comunicação.

No final da sua vida, perdeu quase toda a visão, e ele faz referência, na mensagem, ao fato de ter voltado a ver a esposa agora em estado espiritual.

Carmem Drummond da Silva
A viúva de Astrogildo estava presente no evento. Ela confirmou a comunicação, reconhecendo a voz do marido, que nos últimos dias de sua existência era um pouco arrastada.

Estilo poético
Astrogildo era um grande amante da poesia, sendo inclusive médium poeta, daí o estilo claro registrado.

Finalização (voz de Clóvis Nunes)
Final de contato.

Fim
Frase utilizada pelo evocador para registrar o final da comunicação.

Transcomunicadores

Em todo o mundo surgem os transcomunicadores, pessoas que, de forma independente, continuam pesquisando contatos por intermédio de câmeras, gravadores e novos aparelhos eletrônicos. Alguns deles iniciaram seu trabalho após terem recebido comunicação, por parte dos Espíritos, em forma espontânea.

Itália
Marcello Bacci (1927-2019) gravou vozes por mais de 40 anos. As mensagens eram transcendentais e reconfortantes ao público que assistia. Ele usou vários rádios para esse fim, conseguindo os melhores resultados com a rádio de tubo Normende Fidelio 57, colocada em ondas curtas.

Luxemburgo
O casal Maggy e Jules Harsch-Fischbach começou a entrar em contato com a captação de vozes por rádio em 1981. Em 1986 eles receberam uma mensagem de um Espírito autodenominado "Técnico", que os levou a trabalhar com vídeo, conseguindo assim bons resultados.

França
O casal de músicos Hélier e Maryse Gourcy conseguiu captar em seu estúdio a voz da filha desencarnada, que cantava uma bela melodia: "sua querida na vida segue você, ela segue você no céu". Desde então, continuam gravando vozes espirituais.

Nome:
Transcomunicadores
Conceito:
Pesquisadores de TCI em todo o mundo.
Data:
Da metade do século XX até nossos dias.
Pesquisadores:
Marcello Bacci, Marco Luzzatto, Maggy e Jules Harsch-Fischbach, Hans Otto König, Hélier e Maryse Gourcy.

Itália
Desde 1995, Marco Luzzatto desenvolve pesquisas de TCI explorando as propriedades dos campos eletromagnéticos irradiados. As transimagens foram obtidas utilizando a técnica de raios catódicos (TRC), que posteriormente evoluíram para um sistema chamado "BlendAr".

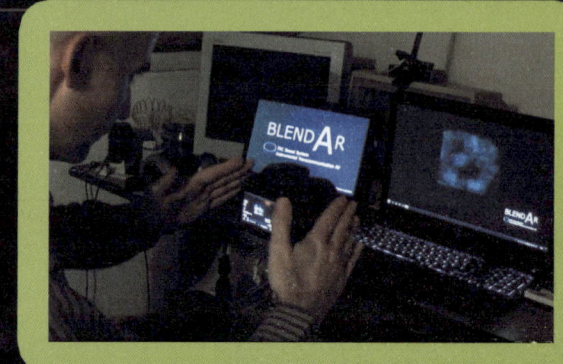

"Diga a todas as pessoas que vivemos!"

Esta mensagem foi captada em um programa de televisão ao vivo, em 1987, utilizando um sistema infravermelho desenvolvido pelo técnico em eletroacústica Hans Otto König.

Ele elaborou um emissor de ultrassom, ao qual deu o nome de "Generator", que funcionava na frequência entre 2,5 a 1.700 KHz. Na atualidade, dedica-se à captação de imagens com bons resultados.

Sorriso
Transimagem obtida por Hans Otto König.

Vídeo acompanhado de áudio, por meio do qual o guia espiritual de Hans Otto König conseguiu comunicação.

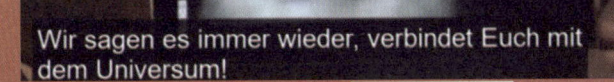

Wir sagen es immer wieder, verbindet Euch mit dem Universum!

Transimagem obtida em 2018 pelo sistema BlendAr.

Pesquisadores desencarnados já se comunicaram?

Algumas transimagens foram atribuídas aos pioneiros da TCI, Friedrich Jurgenson e Konstantin Raudive, captadas por Klaus Schreiber, Landell de Moura e Sonia Rinaldi.

Encarnado | TCI

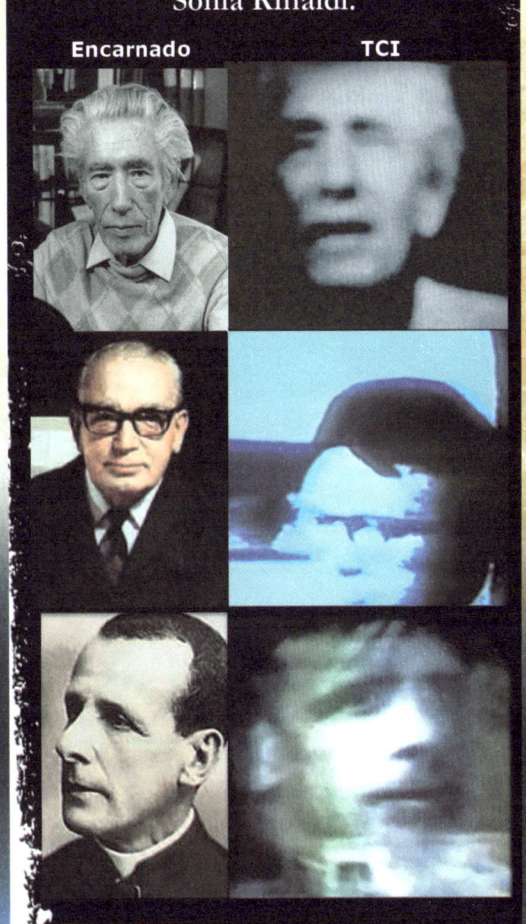

Mensagem de Chico Xavier (1992) aos transcomunicadores

"Recolhemos da Europa e de outras regiões de vanguarda contribuição de valores científicos, que nos são indispensáveis e entre os quais encontramos a transcomunicação, por vasta área de observações valiosas, área em que militam numerosos cientistas habituados a transmitir-nos conhecimentos e experiências incontestes da vida além da matéria."

Novas pesquisas

Com a popularização das redes sociais, diversos pesquisadores têm publicado suas experiências, compartilhando com o público os resultados. Após muitos anos de dedicação, alguns deles se destacam pela seriedade no trabalho realizado.

Seattle – Estados Unidos
A pesquisadora Simone Santos, responsável pelo TCI Seattle, desenvolveu em seu laboratório novas experiências de captação.

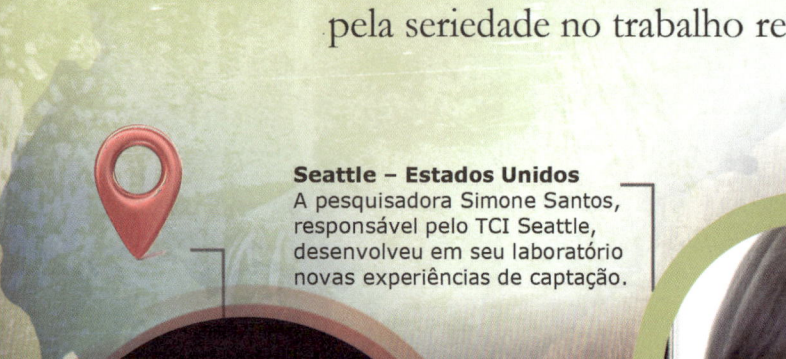

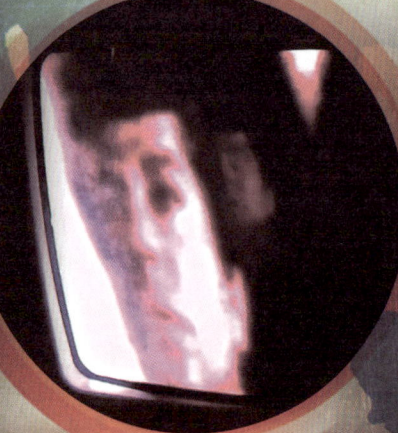

Transimagem
Captada utilizando técnicas de realimentação.

Nome:
Novas pesquisas.
Conceito:
Nos últimos anos, surgiram novas técnicas de captação espiritual.
Pesquisadores:
Simone Santos, Seattle, Estados Unidos.
Sonia Rinaldi, São Paulo, Brasil.
Daniele Gullà, Bologna, Itália.

São Paulo – Brasil
A pesquisadora Sonia Rinaldi, responsável pelo Instituto de Pesquisas Avançadas (Ipati), desenvolveu novas técnicas.

Transimagem
Captada utilizando novas técnicas com vapor.

Bologna – Itália
O perito biométrico forense Daniele Gullà elaborou novas câmeras de termografia infravermelha.

É possível fotografar o magnetismo das mãos?

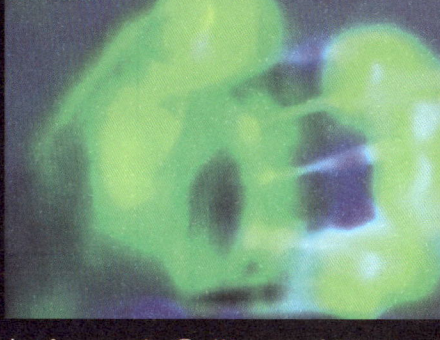

UV Intensified

A câmera de Gullà permite captar e medir o fluxo biorradiante de fótons emanados das mãos. Na imagem, vemos surgir uma tonalidade esverdeada mais intensa nas pontas dos dedos.

Com o uso dessas câmeras foi possível obter fotografias não perceptíveis a olho nu. Elas revelaram diversas cores em torno do corpo das pessoas, principalmente quando realizam alguma ação relacionada à prática de espiritualidade ou bioenergia. Na imagem vemos uma pessoa meditando, o que gera um campo áurico brilhante.

Nesta foto se observa uma mulher com um campo áurico luminoso após ter recebido bioenergia a distância.

Na foto observamos uma tonalidade luminosa esverdeada na cabeça de um cão de guarda, no momento em que recebia um carinho do dono.

Passe magnético

Uma prática muito comum nas casas espíritas é o passe. Com a câmera de Daniele Gullà, foi possível fotografar o que acontece no instante da transferência de bioenergia. Na foto se observa uma radiação verde saindo das mãos do passista em direção à pessoa que vai receber o magnetismo.

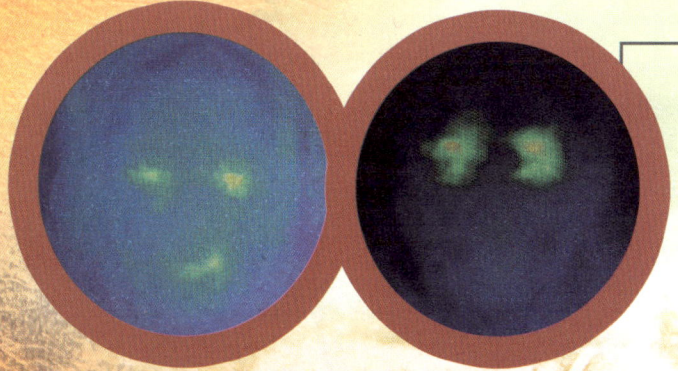

A fotografia mostra uma mesma pessoa expressando sentimentos de felicidade e desgosto. Na expressão de felicidade se observa uma luz que surge dos lábios.

Felicidade   **Desgosto**

Câmeras

As câmeras produzidas por Daniele Gullà, na Itália, têm conseguido resultados muito interessantes, especialmente as captações realizadas durante o transe mediúnico.
Para obter esse resultado, foi necessária a participação de um médium que ajudasse na produção de ectoplasma. Para isso, Gullà contou com a colaboração do médium brasileiro Florêncio Anton, conhecido por sua mediunidade de psicopictografia ou pintura mediúnica.

Daniele Gullà
Esse perito biométrico forense italiano obteve imagens reveladoras, com suas câmeras de termografia infravermelha, durante o transe mediúnico do médium Florêncio Anton.

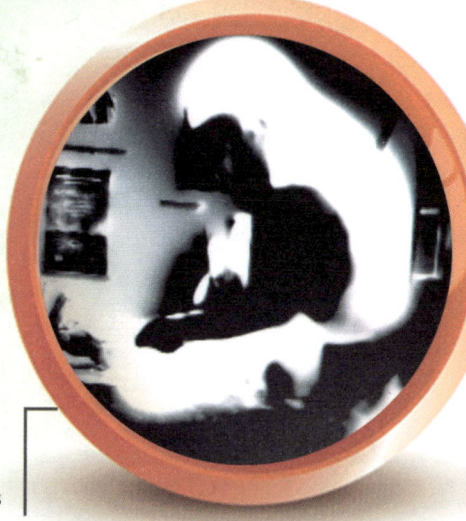

Florêncio Anton
Médium brasileiro conhecido pela sua capacidade de psicopictografia, chamada mais comumente de pintura mediúnica. Tem realizado milhares de quadros atribuídos a Espíritos de artistas famosos como Renoir, Monet e Toulouse-Lautrec, entre outros. Sua capacidade na geração de ectoplasma lhe permitiu participar das pesquisas com câmeras de Daniele Gullà na Itália.

Envolvimento
Na fotografia se observa a expansão do corpo espiritual ou perispírito do pintor desencarnado envolvendo o médium enquanto este realiza a pintura mediúnica em transe.
O envolvimento perispiritual permite uma sintonia ideal, necessária para um bom trabalho.

Fotografias
Tiradas em 2018, na cidade de Milão, Itália, durante uma reunião de pintura mediúnica.

Nome:
Câmeras.
Pesquisador:
Daniele Gullà.
Conceito:
Captação de imagens espirituais por intermédio de câmeras.
Lugar:
Itália.

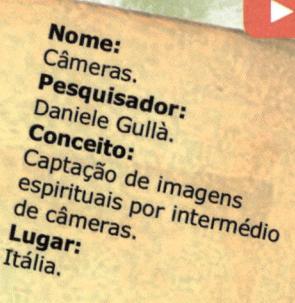

Capacete
Nesta imagem se observa, no início do transe, uma espécie de capacete espiritual sobre a cabeça do médium. É sabido pela literatura espírita que os Espíritos Superiores se utilizam de diversos aparelhos espirituais para os trabalhos mediúnicos, com o fim de aumentar ou potencializar o transe.

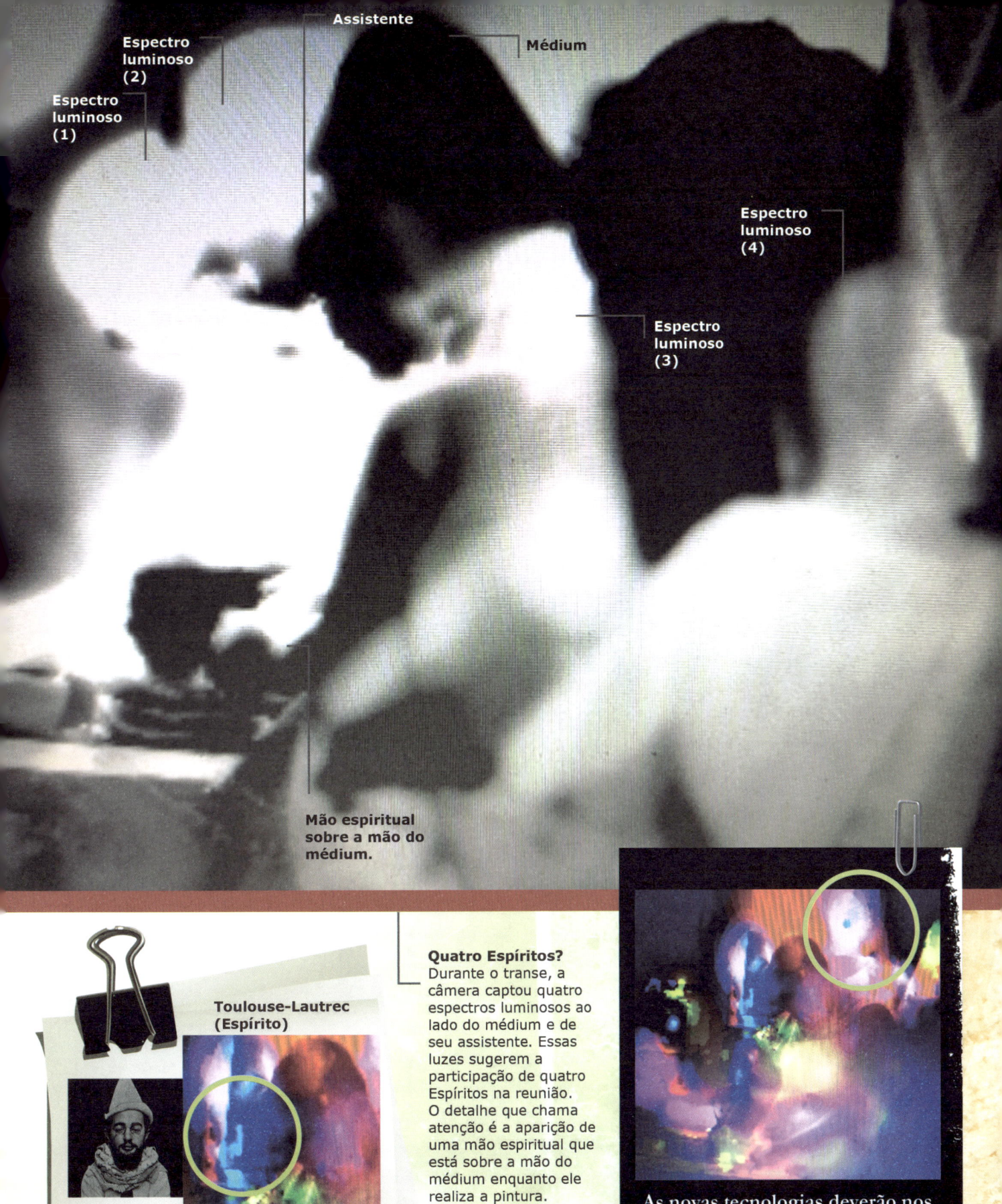

Espectro luminoso (1)

Espectro luminoso (2)

Assistente

Médium

Espectro luminoso (4)

Espectro luminoso (3)

Mão espiritual sobre a mão do médium.

Toulouse-Lautrec (Espírito)

Utilizando-se outra câmera, foi captada uma imagem em cor azul ao lado do rosto do médium, sugerindo ser o rosto do pintor desencarnado Toulouse-Lautrec. Isso aconteceu exatamente no momento em que o médium pintava um quadro atribuído ao famoso artista francês.

Quatro Espíritos?
Durante o transe, a câmera captou quatro espectros luminosos ao lado do médium e de seu assistente. Essas luzes sugerem a participação de quatro Espíritos na reunião. O detalhe que chama atenção é a aparição de uma mão espiritual que está sobre a mão do médium enquanto ele realiza a pintura.

As novas tecnologias deverão nos revelar todo um mundo invisível que estava oculto aos nossos olhos, como a luminosidade que vemos na foto, atrás do médium em transe.

Captação

Nos Estados Unidos, na região de Seattle, a pesquisadora Simone Santos tem conseguido resultados muito interessantes em Transcomunicação Instrumental. Seu trabalho, informações e resultados obtidos vêm sendo disponibilizados na internet.

05/05/2019

TCISEATTLE@SIMONE SANTOS

ITC Researcher – Seattle
Simone Santos desenvolve suas pesquisas em um laboratório em Seattle, nos Estados Unidos.

Transimagem
Em 2019 foi obtida essa imagem no laboratório de Simone Santos.

Laboratório
O sistema utilizado por Simone é similar ao que foi usado por Klaus Schreiber, com o uso de luz infravermelha e realimentação de vídeo. Os Espíritos que têm aparecido com frequência seriam Roberto Gomes e Ana Luiza, comunicadores de sua ponte de contato da estação espiritual Rio do Tempo. Eles seriam alguns dos responsáveis espirituais que orientam suas atividades.

Nome:
Captação de imagens.
Pesquisadora:
Simone Santos.
Conceito:
Método que utiliza o sistema de realimentação cruzada ou *cross-video feedback loop*.
Lugar:
Seattle, Estados Unidos.
Mais informações:
www.tciseattle.com

Transimagem feminina
Captada em 2019, pelo método de realimentação cruzada, ou *feedback loop* de vídeo, no aparelho de TV de tubo. Foi utilizada uma câmera de vídeo regular que fez o *loop* de vídeo e uma filmadora infravermelha.

Captação de áudio
Além das imagens, a pesquisadora tem conseguido captar vozes. Ela sugere deixar entre 30 e 60 segundos de intervalo após cada pergunta, tempo suficiente para conferir as respostas.

24

Podemos identificar os Espíritos?

Algumas vezes, sim, é possível. Em 2015, foi captada uma transimagem de forma espontânea, atribuída a uma jovem desencarnada chamada Maria Fernanda Giovanetti. Para confirmar tratar-se do mesmo Espírito, foi realizado um contato TCI por áudio com um resultado comprovatório, identificado pela mãe, Mariana.

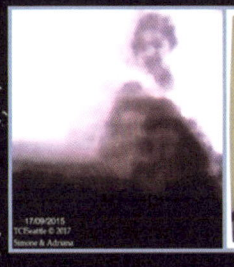 

Diálogo
Pergunta: Maria Fernanda, você poderia tentar dizer o nome da sua mãe, para confirmar o contato?
Resposta: CONTATO... MAMÃE UM BEIJO.
Pergunta: É Maria?
Resposta: MARIA, MARIA.
Pergunta: Você pode nos dizer o nome da sua mãe?
OI... EU SEI... TUDO BOM... MARIANA.

Dois espectros
Esta transimagem foi captada em 2019 por meio de filmadora infravermelha em um aparelho de TV de tubo. Foi obtida pelo método de *feedback de loop* de vídeo, ou realimentação, usando duas câmeras, uma filmadora regular que fez a gravação *feedback* e uma filmadora infravermelha.
O resultado foi a aparição de dois espectros nítidos sobrepostos.

Contato

Simone sugere pedir aos Espíritos da ponte de contato do transcomunicador uma resposta inicial em áudio, como a palavra CONTATO.
Isso serviria de comprovação futura no momento da verificação da mensagem.

Transimagem de Espírito
Centenas de imagens captadas pela TV, assim como esta, obtida em 2022.

Câmera de investigação

Câmeras de vídeo *full spectrum* com tecnologia de impulso infravermelha de visão noturna são recomendadas pelos transcomunicadores.

Novas técnicas

No Brasil, há mais de trinta anos, Sonia Rinaldi pesquisa os fenômenos de transcomunicação. Ela é responsável pelo Instituto de Pesquisa Avançada em Transcomunicação Instrumental (Ipati), que tem desenvolvido uma série de variantes com luz, plástico-bolha, lanternas e vaporizadores para obter novos resultados. Recentemente foram utilizadas novas técnicas com o uso de holograma, gotas de água e vapor em seu laboratório, na cidade de São Paulo.

Laboratório
Sonia Rinaldi segue inovando com experimentos de variadas técnicas para obter resultados surpreendentes.

Vaporizador
O uso do vapor de água e de projetores tem permitido aos Espíritos modificar a luz, criando novas formas de captação, chamadas de "transfiguração".

Crianças
Diversos Espíritos de aparência infantil foram captados nas transimagens.

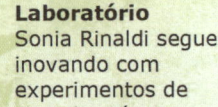

Nome:
Novas técnicas de captação de imagens.
Pesquisadora:
Sonia Rinaldi.
Conceito:
Uso de diversos elementos, como lâmpadas, projetores e umidificadores.
Lugar:
São Paulo, Brasil.
Mais informações:
www.ipati.org

Ectoplasma
Segundo Sonia, as transcomunicações do passado precisavam da participação de médiuns para se conseguir as imagens. Na atualidade, com a sensibilização de novos aparelhos, a captação de imagens deverá ser mais técnica, tornando o contato acessível a todas as pessoas.

Rostos desconhecidos
Alguns rostos que aparecem na TCI são de pessoas conhecidas pelos transcomunicadores; em alguns casos, a identificação é posterior ou então ficam no anonimato.

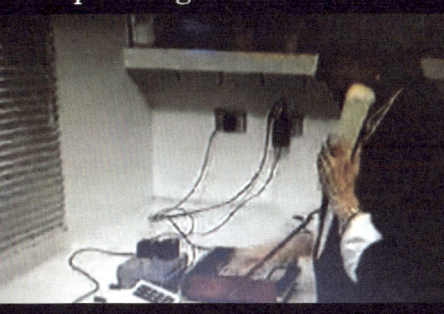

Existe telefonema do Além?

Em 1991, Sonia Rinaldi recebeu um telefonema dos Espíritos Konstantin Raudive e Carlos de Almeida. A ligação foi registrada por um gravador de som.

Extrato da mensagem:
"Este é o segundo contato que nós enviamos para seu país da parte da Estação Rio do Tempo. [...] Nós vos escutamos mas ainda não podemos responder. O tempo não é uma linha, mas sim um círculo. O horizonte mais longe de vocês não acaba no mundo, mas entra num Universo Sagrado. Certos detalhes são visíveis, mas os mais importantes ficam invisíveis para vocês. O mundo tal como vocês o veem é um prolongamento do que nós temos aqui e tudo forma o Universo."
Carlos de Almeida

Animais
Diversas transimagens de bichinhos de estimação desencarnados têm sido registradas.

Por que as imagens dos Espíritos parecem ser mais jovens do que quando desencarnaram?

Uma possibilidade seria que eles conseguem mudar o corpo espiritual, adaptando-se à idade de sua preferência. Outra opção é que isso serviria como forma de comprovar sua autenticidade, ao gerar imagens que não existiam em fotos quando estavam encarnados.

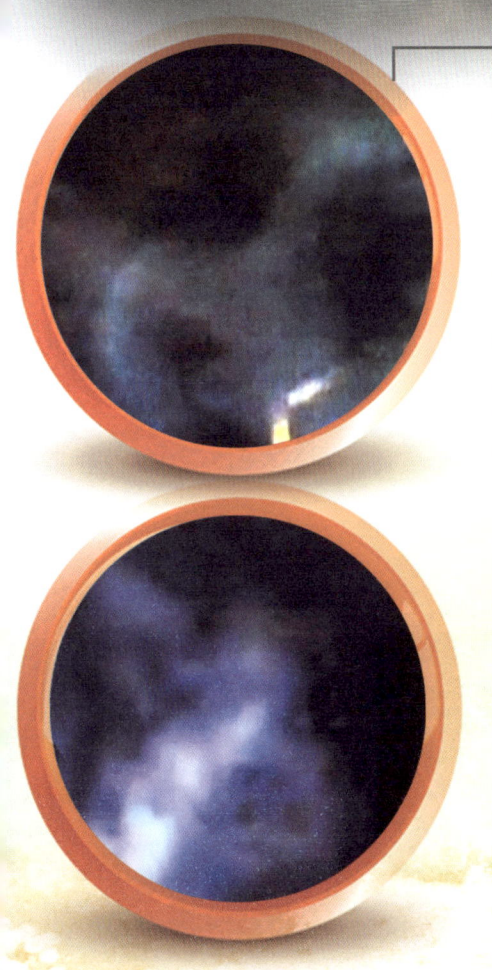

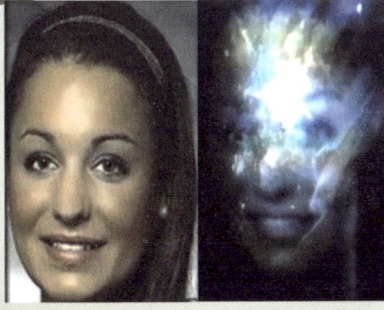

Jovens desencarnados

Na foto, vemos o rosto de uma mulher chamada Amber. Na transimagem, ela aparenta ser mais jovem do que quando desencarnou.

Inteligências extraterrenas

A relação da TCI com a presença de seres de outros planetas parece ser cada vez maior. Muitos transcomunicadores relatam que a atribuição de imagens e áudios a irmãos de outros mundos está aumentando.

São seres do mesmo planeta?

Pela diversidade de formas como se apresentam, tudo indica tratar-se de seres de mundos diferentes.

Mundos habitados
Allan Kardec recebeu dos Espíritos Superiores a informação de que todos os mundos são habitados por Espíritos. Alguns deles podem ter vida material, como a conhecemos na Terra, ou em outros níveis de matéria mais sutis aos nossos sentidos.

Expressões dóceis
Algumas das imagens captadas por Sonia Rinaldi mostram rostos não terrenos com formas delicadas e ternas.

Nome:
Inteligências extraterrenas.
Conceito:
Seres com aparências de humanidades não terrestres, captados nas transimagens.
Lugar:
Aparentemente de diversos planetas.

Imagens recentes
Os rostos nas transimagens sugerem ser de humanidades não terrestres.

Transimagem humana

Transimagem não humana

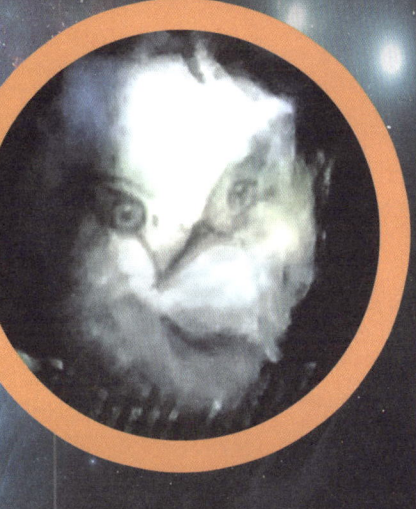

Seres aviários ou "corujas"
Este tipo de formas que lembram aves, têm aparecido com certa frequência nas transimagens.

Olhos diferentes
Esta transimagem é atribuída a um ser de outro planeta com características próximas às humanas.

Existe algum irmão identificado?

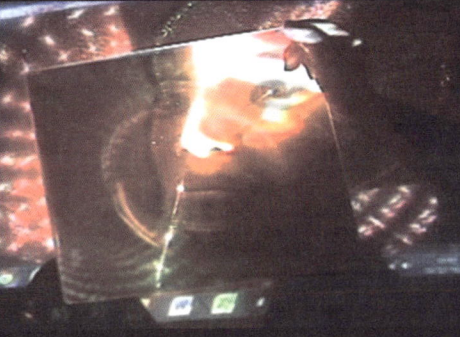

Pelas informações obtidas por Sonia Rinaldi, Narisha seria o nome de um Espírito não terreno que coordena uma Estação de Transcomunicação Brasileira.

Na transimagem da esquerda, conseguimos ver o desenho da palavra PAZ. Na transimagem da direita, há um ser com vestimenta incomum para a espécie humana.

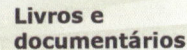

Livros e documentários

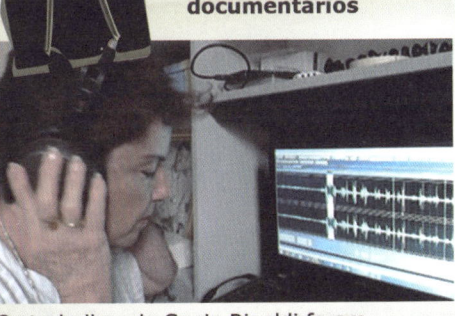

Os trabalhos de Sonia Rinaldi foram publicados em diversos livros, como *Contatos Interdimensionais*, e no documentário *Rinaldi, Instrumental Transcommunication to the Other Side* (*Rinaldi, Transcomunicação Instrumental com o Outro Lado*, tradução livre).

Estação espiritual

Muitos transcomunicadores informam que, no mundo espiritual, técnicos e engenheiros desencarnados têm construído várias estações espirituais, algo similar à nossa estação espacial internacional. Nessas bases, realizam suas pesquisas, aprimoram seu trabalho e recebem capacitação de Espíritos técnicos de outros planetas.

Existem técnicos no Além?

Sim. Muitos dos engenheiros e inventores desencarnados continuam trabalhando, aprimorando as comunicações entre os dois mundos. Eles inspiram cientistas e incentivam os transcomunicadores a fim de melhorar os contatos.

Alguns dos Espíritos já identificados

Padre Landell de Moura
Pioneiro da TCI

Konstantin Raudive
Pesquisador da TCI

Michael Faraday (1791-1867)
Físico britânico, considerado o "melhor experimentalista na história da ciência". Quando estava encarnado, pesquisou o fenômeno das mesas girantes.

Dennis Gabor (1900-1979)
Engenheiro elétrico e físico húngaro, inventor do holograma. Recebeu o Prêmio Nobel de Física de 1971.

Nome:
Estações espirituais.
Semelhança:
Estação espacial internacional.
Conceito:
Laboratórios espaciais espirituais para pesquisa.
Espíritos identificados:
Alguns dos Espíritos que estariam na coordenação seriam Landell de Moura, Konstantin Raudive, Michael Faraday, Dennis Gabor e Nikola Tesla.

Estação Central
Similar a nossa estação espacial internacional.

Tecnologias não terrestres
Espíritos de outros mundos com tecnologia superior.

Rio do Tempo
Estação mais conhecida pelos transcomunicadores.

Sinal
Emitido pela estação espiritual.

Nikola Tesla (1856-1943)
Inventor, engenheiro eletrotécnico e engenheiro mecânico sérvio, conhecido por sua contribuição ao projeto do moderno sistema de fornecimento de eletricidade em corrente alternada.

Wilhelm Conrad Röntgen (1845-1923)
Físico e engenheiro mecânico alemão. Recebeu o Prêmio Nobel de Física em 1901 pela descoberta dos raios X.

Sinal captado pelos transcomunicadores na Terra.

Marie Curie (1867-1934)
Física e química polonesa. Conduziu pesquisas pioneiras sobre radioatividade e foi a primeira mulher do mundo a ganhar um Prêmio Nobel.

Existe participação de seres extraterrestres na TCI?

Muitos transcomunicadores relatam maior coparticipação de seres de outros planetas com técnicos desencarnados.

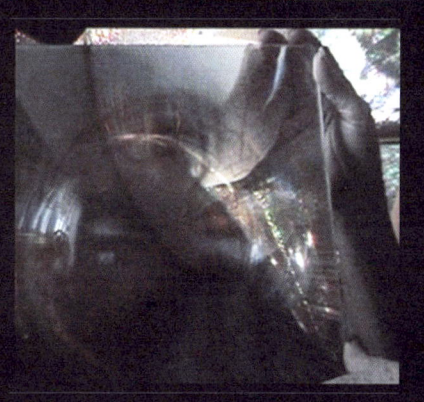

Nas transimagens obtidas por Sonia Rinaldi, vemos desenhos que poderiam ser de seres de outros mundos.

Nikola Tesla

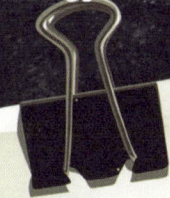

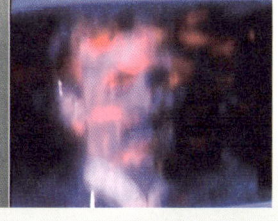

Segundo a pesquisadora Sonia Rinaldi, os contatos por TCI têm melhorado muito desde 2015 graças à colaboração de Espíritos como Nikola Tesla. Na imagem à direita, vemos uma transimagem, atribuída ao famoso inventor.

Vídeo

Para se obter bons resultados, utiliza-se muito a técnica de realimentação (*feedback loop* de vídeo). A experiência consiste em ligar, por 3 a 5 minutos, uma câmera apontada para uma TV que estiver em ruído branco.
Isso vai gerar diversos *loops* (imagens de retorno), e, em determinado momento, os Espíritos modificam as luzes, possibilitando a captação de transimagens por instantes.

Luz infravermelha

Papel-alumínio (lateral)

TV tubo

Loop inicial

Laboratório
Modelo de posicionamento de equipamentos. Seattle, Estados Unidos.

Verificação
O conteúdo da gravação pode ser visto em um programa de edição de vídeo, com análise de imagens quadro a quadro (*frame a frame*). O *software* I-Photo é um exemplo.

Método de realimentação
Criado por Klaus Schreiber, o método consiste em usar uma câmera de vídeo (HD ou digital), ajustada a um tripé e apontada para a TV, conectada por um cabo RCA ou HDMI a um aparelho de TV (*audio/video in*). A TV deve estar ligada no canal AV, que não recebe sintonia de nenhuma emissora. Assim, cria-se um sistema em que a imagem da tela da TV, captada pela câmera, é transmitida imediatamente pela TV, gerando a realimentação.

Efeito onda
Ao se utilizar o botão *zoom* (aproximação) da câmera, deve surgir um efeito como um pulsar.

Nome:
Captação de imagens com o uso de câmera de vídeo.
Método:
Uso do método de captação de Klaus Schreiber.
Novo método:
Adaptações realizadas no laboratório de Seattle, Estados Unidos, para melhores resultados.
Variante:
Uso de câmeras adicionais.

Pesquisador filmando o resultado

Câmera HD ou fotográfica para gravação de visão noturna

Câmera HD para realimentação

Papel-alumínio (lateral)

Cabo RCA ou HDMI

Realimentação

Luz infravermelha

TV LED

Luz infravermelha

Papel-alumínio (posterior)

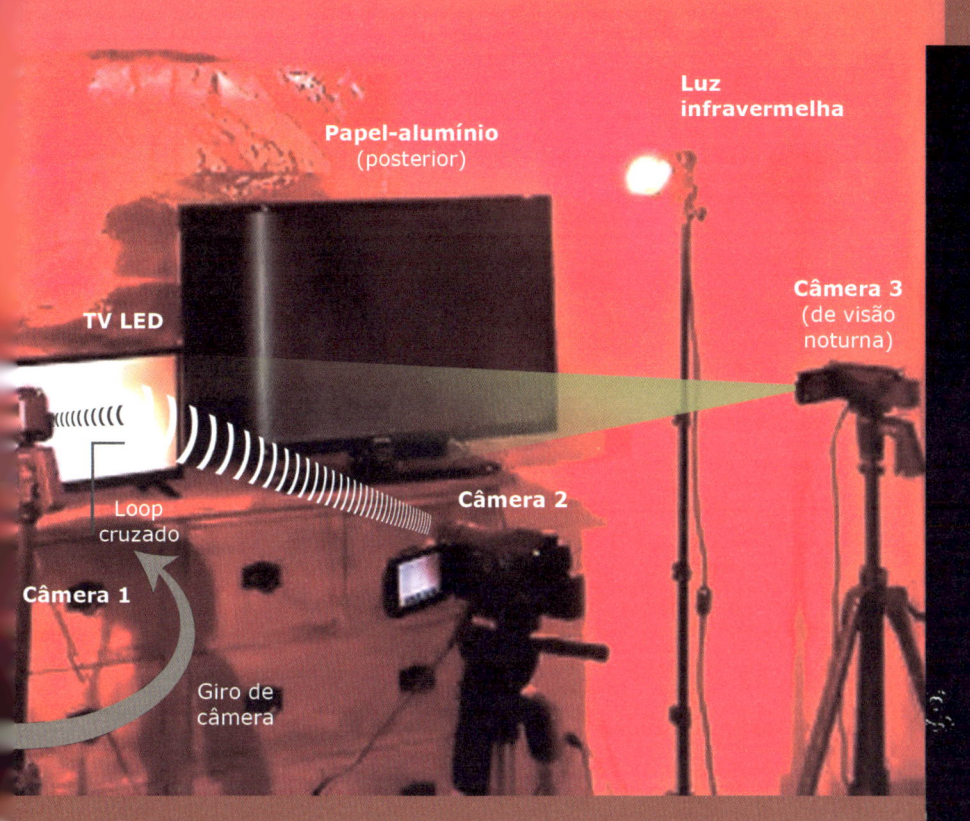

Papel-alumínio (posterior)

Luz infravermelha

TV LED

Câmera 3 (de visão noturna)

Câmera 2

Loop cruzado

Câmera 1

Giro de câmera

Novo método de realimentação cruzada

Variação que utiliza duas TVs de realimentação, uma de tubo e uma LED, alternando entre LED + LED e LED + tubo. Utilizam-se também três câmeras de vídeo assim distribuídas:

1. A primeira para gerar a realimentação.
2. A segunda para filmar essa realimentação e puxar para a segunda TV.
3. A terceira câmera pode ser *full spectrum* com infravermelho e visão noturna, ou fotográfica, com os mesmos itens, para realizar a captação.

Inovação

Após cinco minutos de retroalimentação das duas TVs (LED e tubo), direcione a câmera 2 para captar a imagem na TV de tubo. Utilize a câmera 3 em visão noturna para filmar o resultado.

Passo a passo

Seguem as sugestões da pesquisadora Simone Santos:

1. Iluminação ambiente ligada.
2. Luz negra (infravermelha) ligada ao lado das TVs.
3. TVs ligadas na opção AV para cabo RCA, ou na opção HDMI para cabo HDMI.
4. Câmera HD 1 ligada com ajuste de foco e ângulo para realimentação na TV de tubo.
5. Câmera HD 2 ligada com ajuste de foco e ângulo para realimentação na TV LED.
6. Após 5 minutos de realimentação, girar a câmera HD 2 para a TV de tubo.
7. Gravar com a câmera HD 3 a TV LED para captar as imagens.
8. Conferir quadro a quadro o resultado.

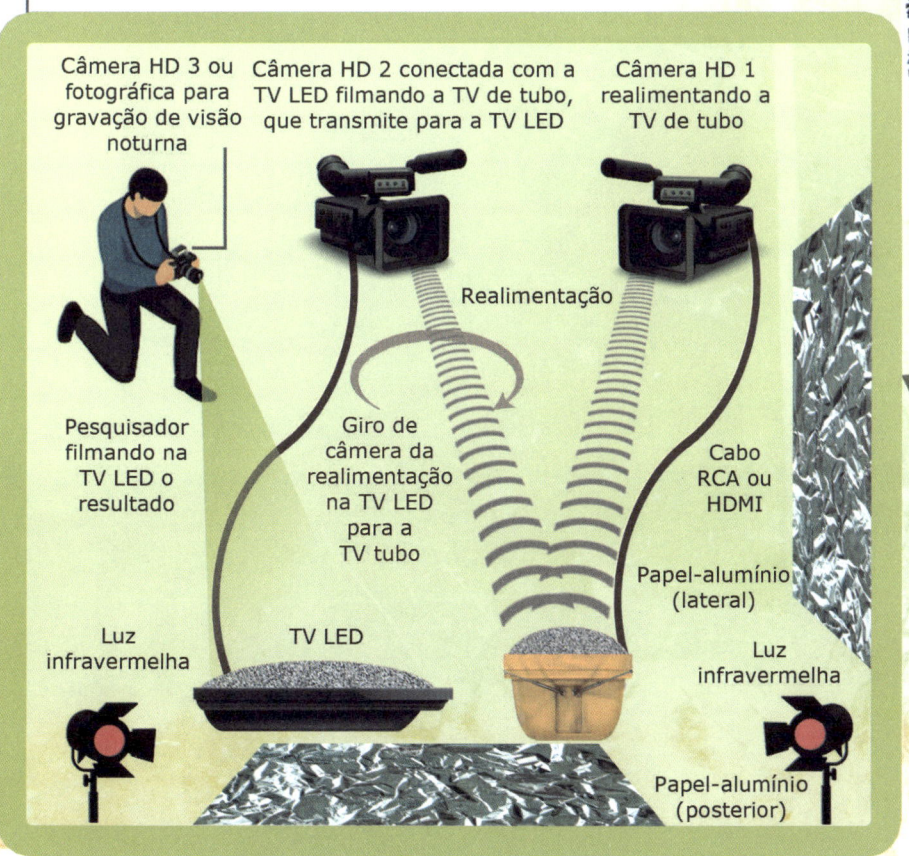

Câmera HD 3 ou fotográfica para gravação de visão noturna

Câmera HD 2 conectada com a TV LED filmando a TV de tubo, que transmite para a TV LED

Câmera HD 1 realimentando a TV de tubo

Realimentação

Pesquisador filmando na TV LED o resultado

Giro de câmera da realimentação na TV LED para a TV tubo

Cabo RCA ou HDMI

Papel-alumínio (lateral)

Luz infravermelha

TV LED

Luz infravermelha

Papel-alumínio (posterior)

Magnetismo

Klaus Schreiber movimentava suas mãos ao lado da câmera, como magnetizando-a, para obter melhores resultados.

Imagens

Novos métodos têm sido desenvolvidos no laboratório de pesquisa de Sonia Rinaldi com a utilização de vapor. Em um deles, usam-se três miniprojetores que transmitem imagem de estática de TV direcionada a duas cápsulas de plástico em formato de ovo e um umidificador embaixo. Uma outra técnica é com o uso de plástico-bolha sendo movimentado por um voluntário, com lâmpadas apontadas e um umidificador.

Pesquisadora

Verificação
Após a gravação, o pesquisador deve utilizar um programa de edição de vídeo em um computador para analisar as imagens quadro a quadro (*frame a frame*).

Vapor
Segundo Sonia Rinaldi, o método do vapor gerado por um umidificador permitiria aos Espíritos manipular a luz para criar rostos que são captados pela câmera de vídeo ou pela câmera de um celular em um fundo escuro. Três miniprojetores devem reproduzir o efeito de estática de TV e ser apontados a duas cápsulas de plástico em formato de ovo sobrepostas.
O vídeo da projeção pode ser previamente gravado em um *pen-drive*. Também se recomenda o uso de três lâmpadas com baixa intensidade, direcionadas ao ovo.

Laboratório
Modelo do posicionamento nas experiências de Sonia Rinaldi.

Imagem
Rosto de criança utilizando esse método.

Nome:
Captação de imagens com o uso de vapor.
Método:
Captação em fundo escuro com lâmpadas, projetores e umidificador.
Novo método:
Adaptações realizadas no laboratório de São Paulo, Brasil, para se obter novos resultados.
Variante:
Uso de plástico-bolha.

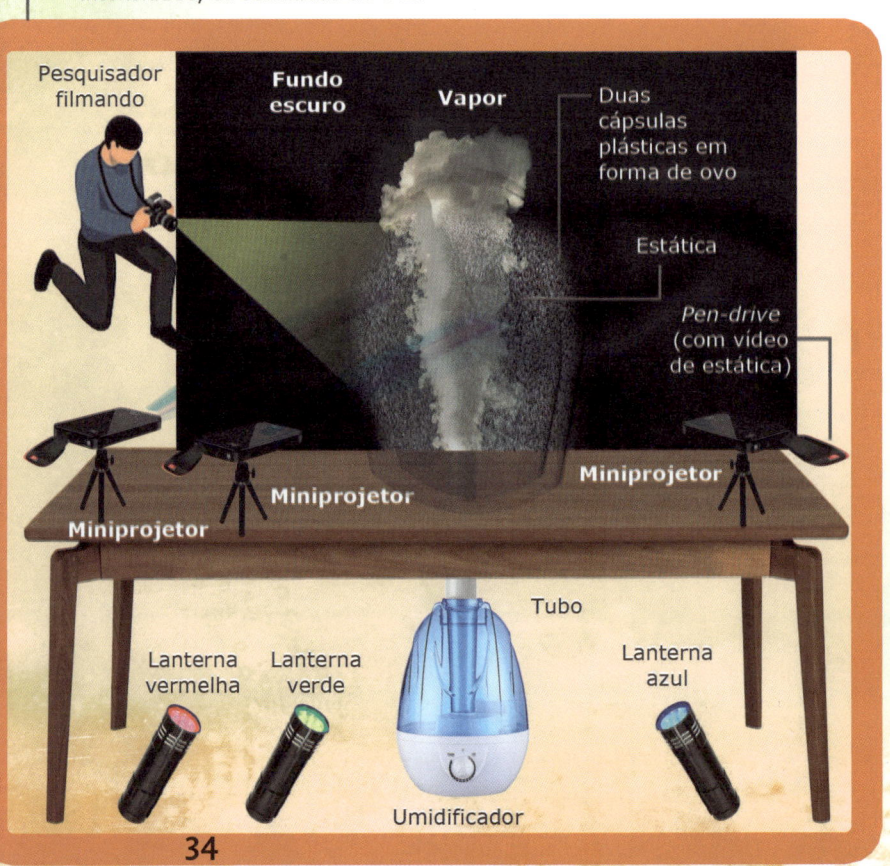

Pesquisador filmando — Fundo escuro — Vapor — Duas cápsulas plásticas em forma de ovo — Estática — Pen-drive (com vídeo de estática) — Miniprojetor — Miniprojetor — Miniprojetor — Lanterna vermelha — Lanterna verde — Tubo — Umidificador — Lanterna azul

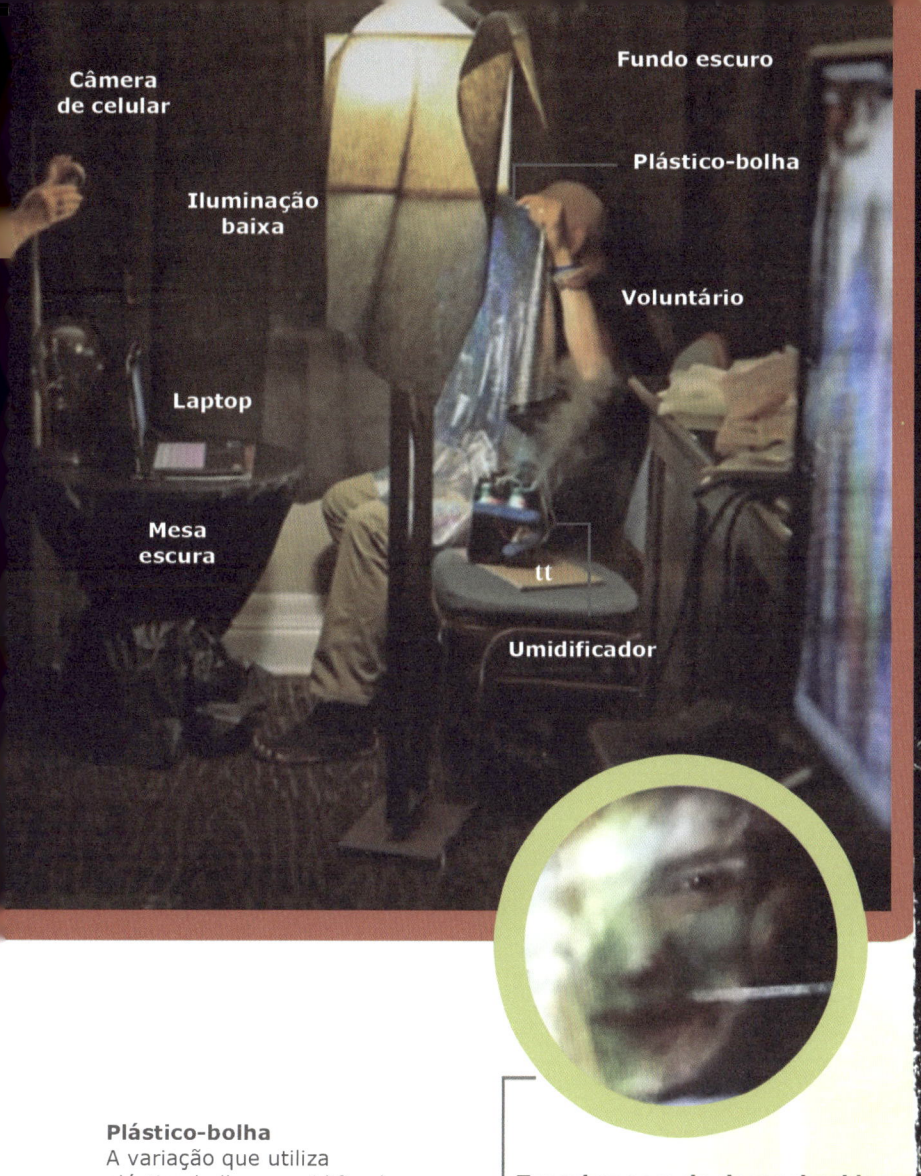

Câmera de celular

Iluminação baixa

Fundo escuro

Plástico-bolha

Voluntário

Laptop

Mesa escura

tt

Umidificador

Passo a passo

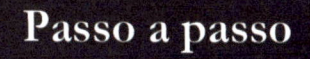

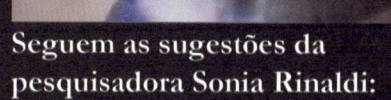

Seguem as sugestões da pesquisadora Sonia Rinaldi:

1. Iluminação ambiente baixa.
2. Utilizar um fundo escuro ou cobrir o fundo com um manto negro.
3. Usar plástico-bolha que deve ser segurado por um voluntário. Este o movimentará em forma de ondas.
4. Colocar três lâmpadas de baixa intensidade (RGB), vermelha, verde e azul, apontadas para o plástico-bolha.
5. Ligar o umidificador colocado entre o voluntário e o plástico-bolha.
6. Gravar utilizando uma câmera de vídeo ligada a um computador ou a câmera de um celular.
7. Conferir quadro a quadro o resultado das imagens no computador.

Plástico-bolha
A variação que utiliza plástico-bolha e umidificador juntos permitiria mais possibilidades para os Espíritos manipularem a luz. Os resultados obtidos com essa técnica são interessantes.

Transimagem de desconhecidos
Diversas imagens que surgem ficam no "catálogo de Espíritos desconhecidos". Algumas pessoas atribuem esta transimagem, captada em 2022, ao médium desencarnado Luiz Gasparetto (1949-2018).

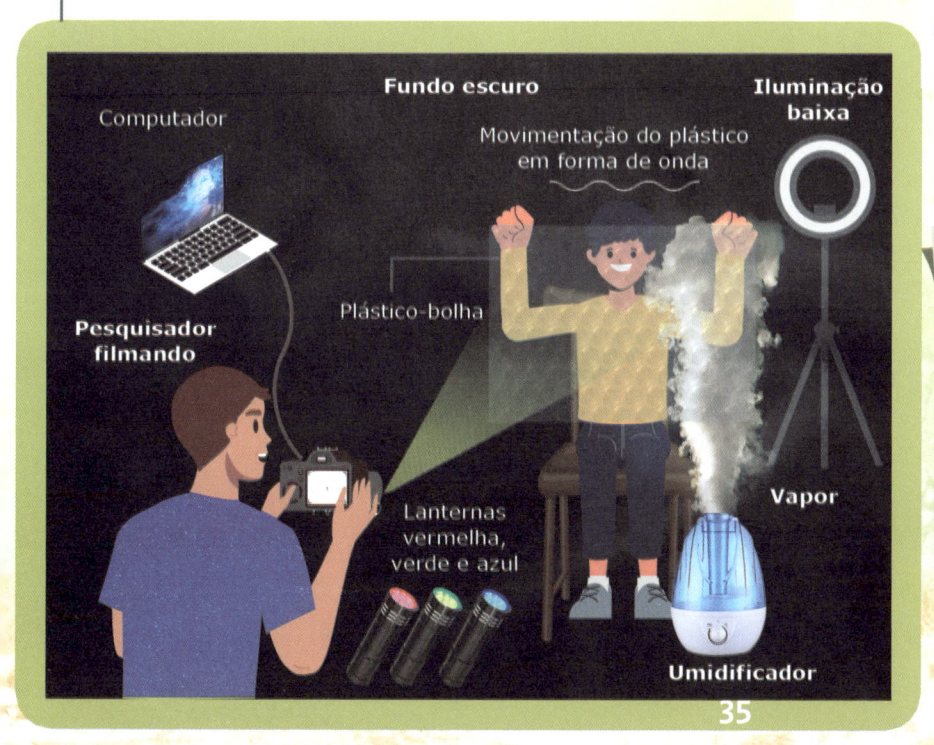

Fundo escuro

Computador

Iluminação baixa

Movimentação do plástico em forma de onda

Plástico-bolha

Pesquisador filmando

Lanternas vermelha, verde e azul

Vapor

Umidificador

35

Novos rostos

Na foto se observa o surgimento de um rosto projetado no vapor, sobreposto ao da voluntária, que está atrás do plástico-bolha.

Áudio

Para conseguir registrar vozes, os transcomunicadores têm utilizado diversos métodos. Inicialmente foi colocado um gravador perto de aparelhos de rádio com ruído branco, depois foram utilizados rádios em frequências diversas, até se chegar ao uso de aplicativos de celular. Assim, os Espíritos teriam como modular as ondas de áudio dos sons, que serviriam de ponto de apoio.

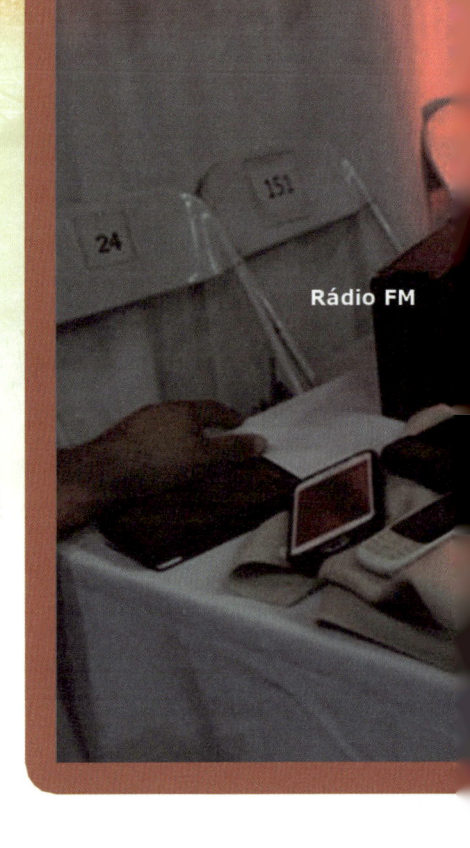

Rádio FM

Sons neutros
Sons similares ao ruído branco, como o produzido pela queda de água de uma torneira ou chuveiro, têm sido utilizados por alguns pesquisadores.

Método de captação
Um dos mais comuns seria colocar um gravador ou celular no meio de quatro rádios para gravar o som, de 1 a 5 minutos. Eles estariam assim distribuídos: um na amplitude modulada AM, um em frequência modulada (FM), um de ondas curtas e um a válvula. Ao lado, colocar duas lâmpadas, sendo uma infravermelha e outra ultravioleta. Depois, conferir os resultados em um computador usando fones de ouvido.

Outros idiomas
Para evitar "falsos positivos", sugere-se que as rádios sintonizem emissoras de idiomas muito diferentes do falado pelo pesquisador. Por exemplo, para um pesquisador no Brasil, seria indicado o hebraico, russo ou japonês.

Bater na mesa com a mão
As batidas com intervalos gerariam mais um ruído, que se somaria a outros, para os Espíritos manipularem.

Nome:
Captação de áudios com o uso de aparelhos de gravação ou celulares.
Método:
Uso de estações de rádio sintonizadas em emissoras de diferentes idiomas.
Novo método:
Adaptações são realizadas por diferentes pesquisadores para se obter melhores resultados.
Variante:
Gravação feita diretamente no computador.

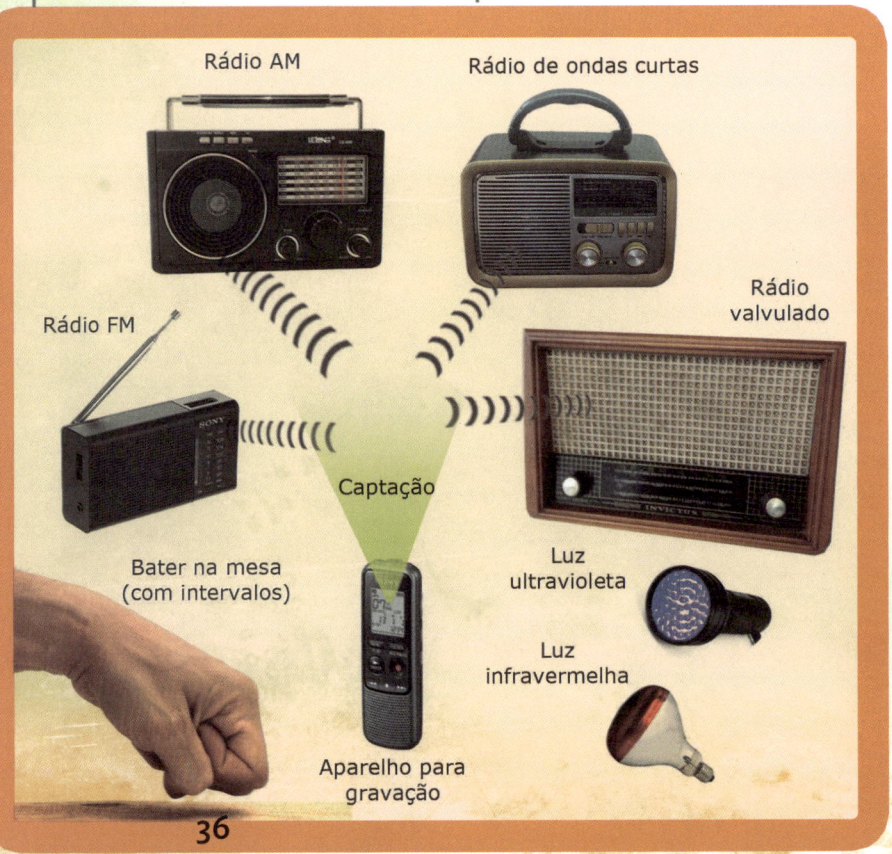

Rádio AM

Rádio de ondas curtas

Rádio FM

Rádio valvulado

Captação

Bater na mesa (com intervalos)

Luz ultravioleta

Luz infravermelha

Aparelho para gravação

Rádio AM

Rádio valvulado

Rádio ondas curtas

Luz infravermelha

Celulares (aparelhos de gravação)

Laboratório
Modelo do posicionamento de equipamentos.

Ventilador
O som produzido por um ventilador também tem sido utilizado por alguns transcomunicadores.

Variantes
O casal de pesquisadores franceses Hélier e Maryse Gourcy tem obtido bons resultados, ao distribuir os aparelhos dessa forma. A captação é feita diretamente no computador, com a utilização de um programa de gravação.

Passo a passo

Seguem as sugestões dos pesquisadores:

1. Conecte um microfone a um computador com um cabo, a uma distância de 1,5 metro.

2. Coloque o microfone ao lado de um rádio ou entre dois rádios de ondas curtas, sintonizando emissoras de idiomas diferentes do pesquisador.

3. Faça a gravação no computador em tempo real.

4. Escute a gravação no programa Audacity, com fones de ouvido.

5. Observe os picos de áudio no gráfico do programa, pois é geralmente nesse momento que surgem as mensagens.

6. Aumente o tempo do áudio para ouvir com mais nitidez.

7. Para receber as respostas, reserve um tempo de até 1 minuto.

8. Coloque em modo reverso para buscar algumas respostas.

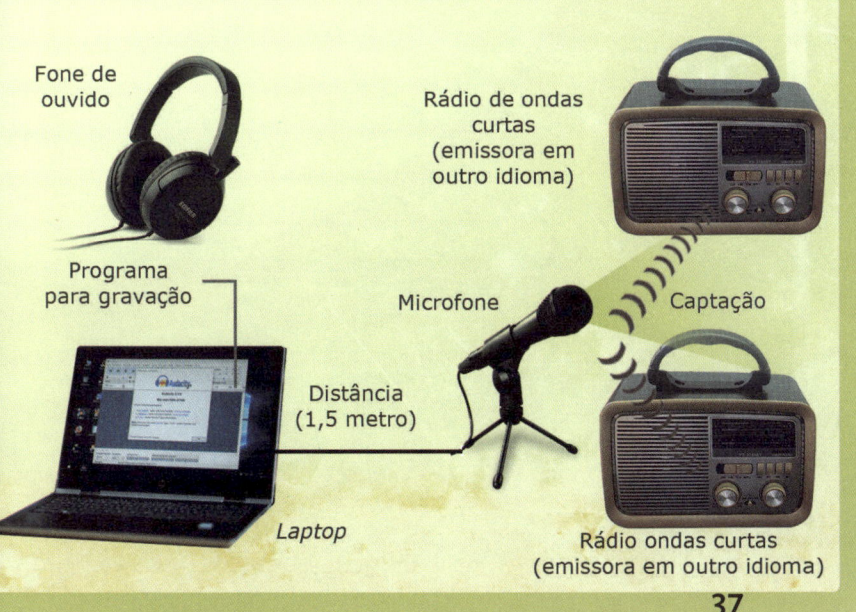

Fone de ouvido

Rádio de ondas curtas (emissora em outro idioma)

Programa para gravação

Microfone

Captação

Distância (1,5 metro)

Laptop

Rádio ondas curtas (emissora em outro idioma)

Programas para gravação

A maioria dos transcomunicadores recomendam o programa Audacity, um *software* gratuito, para gravar vozes no computador. Uma outra opção, mais completa, é o programa WavePad Music & Audio Editor.

Telefone

Alguns transcomunicadores têm recebido, de forma espontânea, mensagens espirituais por ligações telefônicas. A pesquisadora Simone Santos desenvolveu uma técnica utilizando um telefone fixo ou celular como meio para obter contato espiritual e captar vozes.

SBox Ghost Scanner
É um escâner e gravador de varredura de frequência de rádio muito indicado pelos transcomunicadores. O SBox possui recursos de qualidade como varredura automática de rádio FM/AM, além de detecção de pico para gravar e reproduzir.
O aparelho é ideal para substituir a mudança manual do *dial* da rádio do aparelho de som.

Técnica com duas habitações
Segundo Simone Santos, o método requer do uso de dois ambientes.
Na habitação 1 ficaria um rádio ou um aparelho SBox e um telefone (fixo ou celular), ligado a outro telefone (fixo ou celular), que estaria na habitação 2.
Deve ser ligado o rádio mudando manualmente o *dial* ou deve-se ligar o SBox.
Na habitação 2, o telefone que recebe a ligação deve estar previamente conectado a um amplificador de som.
Um microfone ligado a um computador e um programa de gravação devem estar já conectados, gravando.
Realize as perguntas com intervalo de 30 a 60 segundos para ouvir as respostas.

Telefone fixo ou celular

Captação de som

Nome:
Captação de vozes com o uso de telefone fixo ou celular.
Método:
Uso de duas habitações para produzir a captação.
Varredura manual:
Mude as estações manualmente.
Varredura automática:
SBox é um aparelho bastante recomendado pelos transcomunicadores por facilitar a varredura automática.

Habitação 1

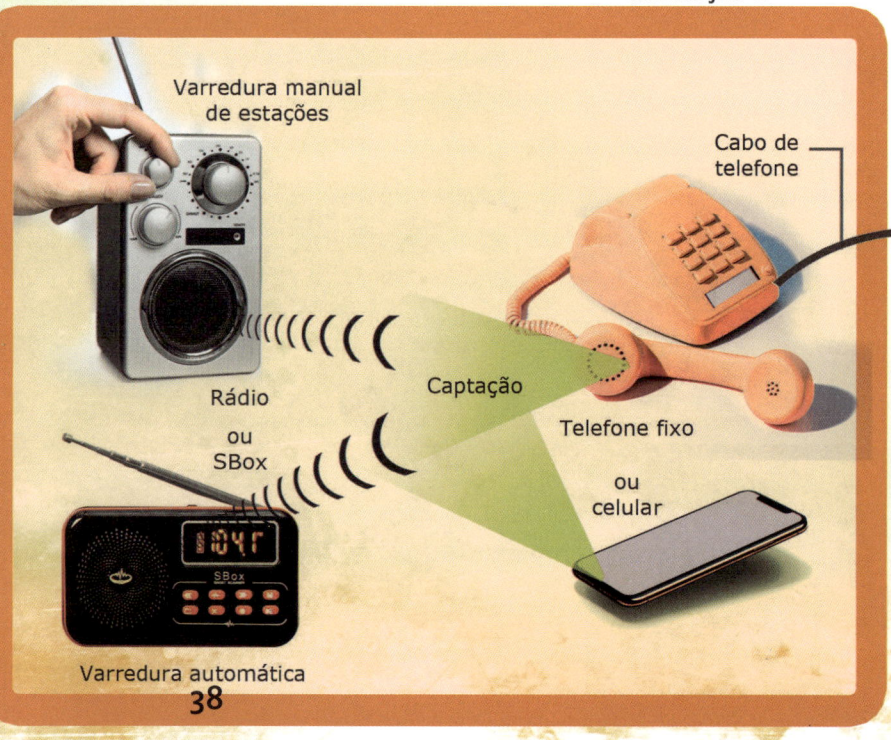

Varredura manual de estações

Rádio ou SBox

Captação

Cabo de telefone

Telefone fixo ou celular

Varredura automática

Rádio com *dial*

Varredura manual de estações

VOLUME

TUNING

POWER

MIN · MAX

Vozes saindo do aparelho

Sentido inverso
Eventualmente pode ser colocado o áudio em sentido inverso. Há casos em que se consegue escutar outra mensagem quando ele é tocado de trás para frente.

Ligação
Ligue para um outro telefone fixo ou celular, em outra habitação.

Passo a passo

Seguem as sugestões da pesquisadora Simone Santos:
1. Faça uma ligação de um telefone fixo ou celular para um outro telefone fixo ou celular, em outra habitação.
2. Ligue a rádio ou o SBox e faça a varredura das estações.
3. Atenda a ligação com o telefone fixo ou celular.
4. Conecte o telefone fixo ou celular a um amplificador de som.
5. Colocar um microfone ligado a um computador para captar o áudio.
6. Inicie a gravação.
7. Inicie o contato com a estação espiritual ponte de contato do transcomunicador, pedindo uma resposta, por exemplo, a palavra "contato".
8. Realize perguntas, deixando 1 minuto para a resposta.
9. Verifique no computador os áudios captados normalmente ou em reverso (ao contrário).

Habitação 2

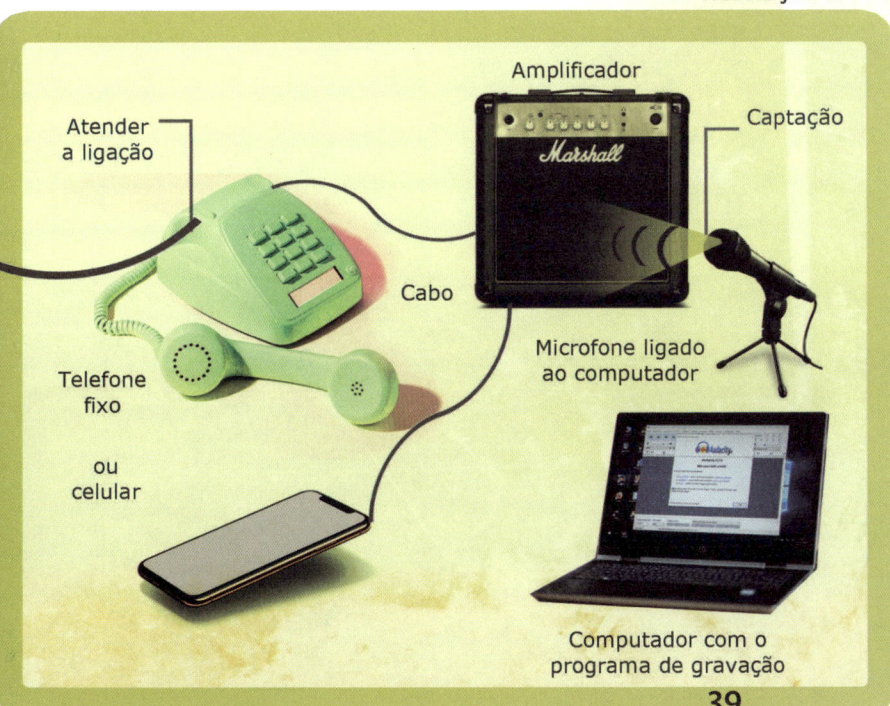

Atender a ligação

Amplificador

Captação

Cabo

Telefone fixo

ou celular

Microfone ligado ao computador

Computador com o programa de gravação

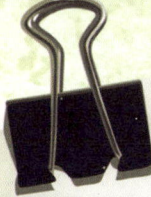

Pico de áudio

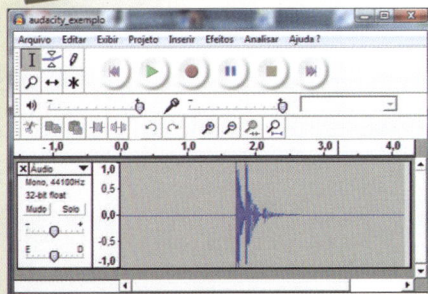

Observe no programa de áudio o surgimento de picos de onda. Selecione esse trecho e aumente o tempo, para verificar uma eventual mensagem.

Aplicativos

Os pesquisadores contam com mais uma ferramenta de ajuda para a captação de vozes espirituais: os novos aplicativos para celular ou computador. Eles foram elaborados principalmente para suprir a falta de emissoras de rádio de ondas curtas, ou de rádios de outros idiomas, no momento de realizar varreduras.

Aplicativos de vídeo

Sugestão de alguns aplicativos para selecionar a transimagem do vídeo filmado quadro a quadro e diminuir a velocidade do áudio:

Movavi

Filmora

Apps

O BipsBCN Spirit Box utiliza um motor de áudio para criar uma base de ruído caótico aleatório. Pesquisadores recomendam controlar a velocidade da fala, deixando as palavras mais lentas em relação à velocidade em que estamos acostumados a ouvi-las, para facilitar o entendimento.

P-SB7T Spirit Box & DAS108 Orbital Bluetooth

Este aparelho é muito usado por transcomunicadores. O equipamento vem com alto-falante com botão de controle de volume ajustável na parte superior. Consegue-se realizar varredura direta e reversa em estações de rádio AM/FM, selecionáveis pelo usuário.

Alguns transcomunicadores sugerem estes aplicativos devido aos bons resultados obtidos.

Nome:
Aplicativos.
Método:
Captação de imagens com o uso de aplicativos de celular.
Características:
Novas versões de aplicativos permitem a varredura de estações de rádio para facilitar a captação dos pesquisadores.

Spiritus Ghost Box

É uma ferramenta TCI de áudio que tem capacidade de manipulação de vozes, com utilização de um banco de som. Produz efeitos de áudio como *echo* e *reverb*, ajudando na comunicação.

Holograma

O uso de equipamentos para geração de hologramas, misturados com gotículas de água e projetor de vídeo, faz parte das novas experiências testadas no Rinaldi Institute.

Novas experiências

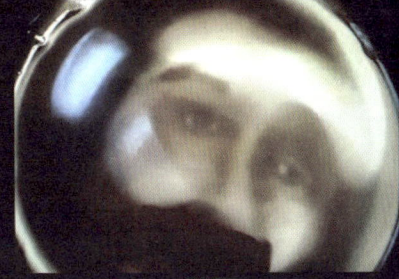

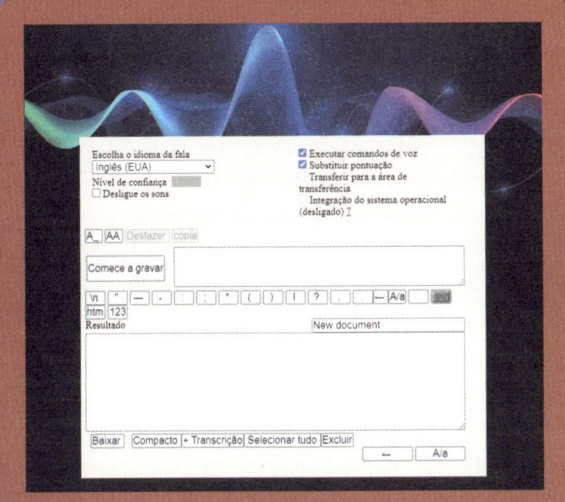

Voice Notebook

É um aplicativo de reconhecimento de voz para converter fala em texto. Esse recurso precisa de um bom microfone externo para uma captação adequada.

O aplicativo também pode converter um arquivo de áudio em texto, tornando-se uma ferramenta de grande utilidade para os pesquisadores.

https://voicenotebook.com

Hidroimagens

Trata-se de uma nova técnica para se obter transimagens utilizando água e vapor.

Para experimentar esse método é necessário uma tigela de inox, por ser mais refletiva, e água. Movimentar a bacia com cuidado para que não reflita a mão ou alguma parte do corpo. Usar luz negra ou infravermelha apontada para a água e um aparelho de vídeo ou celular para filmar. Nas imagens obtidas ao final, ajustar o brilho e contraste no seu celular, para melhorar a visualização.

Sono X12

É um aplicativo que usa vários bancos de voz. Esses bancos de som são criados por pequenos pedaços do alfabeto norte-americano/inglês, fonemas e pequenos cortes de fala, sem frases nem palavras completas.

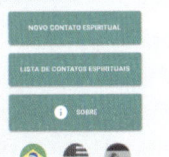

App brasileiro

O grupo de transcomunicadores espíritas do Instituto Veneranda de Minas Gerais, Brasil, tem desenvolvido um aplicativo *on-line* para ajudar na captação de vozes. Ele é constituído de fonemas em várias línguas.

Segue o link: tvc2project.com.br

Regeneração

Com o avanço da ciência e da tecnologia, o contato espiritual será mais nítido e contundente. No futuro, quando a Terra se tornar um Mundo de Regeneração, a TCI sairá da fase experimental e entrará em uma etapa de comprovação científica, mudando para sempre as doutrinas materialistas do planeta. Isso marcará uma nova era de conhecimentos para a humanidade, com a comprovação da realidade do Espírito imortal de forma patente e definitiva.

Videoconferências
Atualmente têm acontecido interferências de vozes espirituais durante algumas videoconferências ao vivo, principalmente nos momentos em que o som some ou há um congelamento da imagem. Alguns participantes têm narrado interferências também em seus equipamentos, como a reiniciação de máquinas ou o movimento do cursor do *mouse*.

Vídeos
No futuro será possível comunicar-se com outras dimensões espirituais de forma contínua.

Nome:
Regeneração.
Conceito:
Nova etapa da humanidade no planeta Terra.
Características:
Permitirá o contato direto com os Espíritos, mudando em definitivo a filosofia terrena.
Médiuns:
A mediunidade ganhará uma nova utilidade.

Fim do materialismo
O conceito filosófico do planeta se transformará com a comprovação científica da imortalidade da alma.

Consolo
A humanidade mudará seu entendimento sobre a morte, compreendendo ser ela apenas um passo para uma outra realidade.

Chico Xavier

Em entrevista ao programa de TV *Pinga-fogo*, ele afirmou: "Até agora a comunicação entre vivos do plano físico e os vivos além da Terra tem se verificado através de processos mediúnicos com emprego da própria criatura humana na condição de veículo medianímico[...]. Quando nós chegarmos a essa condição de estarmos nesse processo de comunicação com fatores da ciência naturalmente que a sobrevivência do Espírito trará um novo sentido à civilização cristã no mundo".

Como será a mediunidade no futuro?

Vai mudar do modo como a conhecemos atualmente. Com as mensagem espirituais chegando diretamente, será possível receber livros ou conteúdos de forma precisa, sem interferências.

A mediunidade será patrimônio de toda a humanidade e ganhará novas formas de uso, ficando mais intuitiva, sendo destinada para as profissões. Assim como aconteceu no passado com o surgimento da fotografia, quando artistas pintores mudaram sua área de atuação para o cinema, os jogos eletrônicos ou a arquitetura, o médico médium do futuro poderá ser inspirado na realização de uma cirurgia, o legislador médium, para criar leis mais justas, e o cientista médium, intuído a melhorar suas pesquisas.

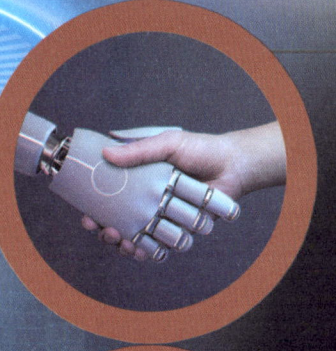

Cooperação
Com o contato extraterrestre, os técnicos da Terra se aprimorarão ainda mais, melhorando as comunicações.

Líderes espirituais
A humanidade poderá receber capacitação espiritual do Além. Seres iluminados como Sócrates ou Buda poderão trazer novas reflexões sobre espiritualidade, ciência ou filosofia, iluminando os corações, contribuindo assim para uma mudança de comportamento, sem dar espaço a interpretações.

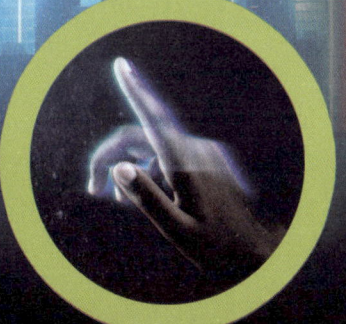

Duas dimensões conectadas
Os humanos compreenderão o sentido da vida, estabelecendo contato em definitivo com os Espíritos.

Progresso
A humanidade terá acesso, em livros e vídeos, a conteúdos do mundo espiritual jamais imaginados, acelerando assim seu progresso.

O Evangelho

Com o aperfeiçoamento da transcomunicação e seu acesso fácil a todos, os humanos entenderão melhor as lições do Evangelho de Jesus, melhorando sua prática na Terra.
A aplicação dele será a continuação do trabalho já iniciado nas revelações dos Espíritos Superiores, codificadas por Allan Kardec em suas obras.

Espiritismo fácil

Entenda o espiritismo com poucos minutos de leitura. Podemos lembrar de vidas passadas? Existe a vida em outros planetas? Nos sonhos podemos ver o futuro? Como é a vida depois da morte? Onde está escrita a lei de Deus? Quais são as preces mais poderosas? Como afastar os maus Espíritos? Quem foi Chico Xavier? E Allan Kardec?

Reencarnação fácil

Existe a reencarnação? Quem eu fui em outra vida? Por que não nos lembramos do passado? Quantas vezes reencarnamos? Posso reencarnar como animal? A reencarnação está comprovada? Jesus falou que reencarnamos? O que é *karma*? Como explicar crianças com deficiências e crianças que são gênios? Podemos reencarnar em outros planetas? Até quando reencarnamos?

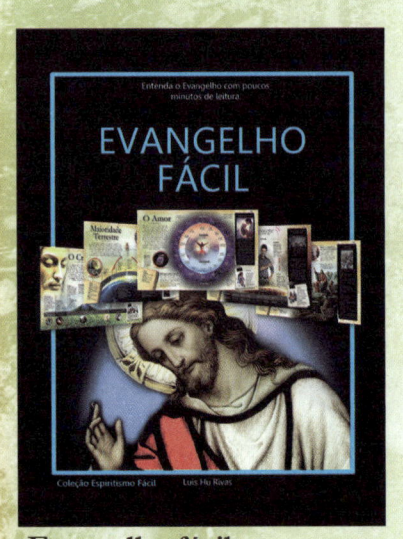 

Evangelho fácil

O que é o Evangelho? O que ele ensina? Como o Evangelho pode melhorar minha vida? Quem são os Espíritos Puros? O que é o "reino dos céus"? Qual é a relação entre Cristo e espiritismo? Podemos ser anjos? Qual é a importância do amor, humildade e caridade? Quem é a "Besta do Apocalipse"? Quem foi Jesus? E quanto a Krishna, Buda, Sócrates, Confúcio?

Transição fácil

O que é a transição planetária? Qual é o futuro da Terra? Em 2050, inicia-se o mundo de regeneração? Chegarão seres de outros planetas? O estudo e o mapeamento da revelação de Chico Xavier, as profecias de Daniel e o Apocalipse de João Evangelista podem responder a essas perguntas. 10 anos de pesquisa de Luis Hu Rivas, tudo em infográficos e mapas.

Mais informações sobre o autor:

www.luishu.com